VAMOS
JUNTOS!

CARO LEITOR,

Queremos saber sua opinião sobre nossos livros.

Após a leitura, curta-nos no facebook/editoragentebr,

siga-nos no Twitter @EditoraGente e

visite-nos no site www.editoragente.com.br.

Cadastre-se e contribua com sugestões, críticas ou elogios.

Boa leitura!

Renato Saraiva

VAMOS JUNTOS!

Inspire-se com a trajetória do concurseiro que se tornou um dos maiores empreendedores de educação a distância no Brasil

Gente editora

Diretora
Rosely Boschini

Gerente Editorial
Marília Chaves

Editora e Supervisora de Produção Editorial
Rosângela de Araujo Pinheiro Barbosa

Assistentes Editoriais
César Carvalho e Natália Mori Marques

Controle de Produção
Karina Groschitz

Preparação
Entrelinhas Editorial

Projeto Gráfico e Diagramação
Triall Editorial Ltda.

Revisão
Vero Verbo Serviços Editoriais

Capa
Typo Studio

Imagem de Capa
Marcio Scavone

Impressão
Edições Loyola

Rua Pedro Soares de Almeida, 114,
São Paulo, SP – CEP 05029-030

Telefone: (11) 3670-2500

Site: http://www.editoragente.com.br

E-mail: gente@editoragente.com.br

Dados Internacionais de Catalogação na Publicação (CIP)

Angélica Ilacqua CRB-8/7057

Saraiva, Renato
Vamos juntos!: inspire-se com a trajetória do concurseiro que se tornou um dos maiores empreendedores de educação a distância no Brasil / Renato Saraiva, Ana Laranjeira. – São Paulo: Editora Gente, 2016.
192 p.

ISBN 978-85-452-0099-4

1. Empreendedorismo 2. Sucesso nos negócios 3. Ensino a distância – Negócios 4. Empreendedores – Biografia I. Título II. Laranjeira, Ana

16-0584 CDD 658.421

Índice para catálogo sistemático:
1. Empreendedorismo 658.421

Dedico este livro a
Michele, mulher da minha vida.

Dedico também:

Ao meu *master coach* Paulo Vieira, que tanto me ajudou e continua ajudando na busca do equilíbrio emocional e na valorização da família.

A Ana Laranjeira, que acreditou na minha história e aceitou contar minha trajetória.

A toda a equipe do CERS Cursos Online, colaboradores atuais e passados, que contribuíram decisivamente para o sucesso do negócio

Agradecimentos

Agradeço a Guilherme Saraiva, meu filho, pela dedicação incansável ao livro, e a meus filhos Luiz Fellipe, Rafaell e Miguel.

Agradeço a Jefferson e Francisco, meus sócios, amigos, irmãos.

Agradeço a Roberto Shinyashiki, por ter acreditado neste projeto e pela orientação valiosa na edição deste livro.

Agradeço às empresas parceiras do Grupo CERS, que caminham sempre junto conosco:

À Exceda, no nome do Diretor de vendas Sérgio Martins;

Ao PagSeguro, representado pelo Gerente Geral Norte Nordeste David Baldoino;

À Editora Juspodivm, na figura do querido Ricardo Didier;

À NovaMicroway, sob a direção do meu amigo Jefferson Cruz;

À Seegma, no nome do sócio Edi Pinheiro;

À Editora Armador, representada pelo meu sócio e amigo Geovane Moraes;

E ao CERS Franchising, na figura do meu sócio e amigo Daniel Guedes.

Renato Saraiva

Prefácio

Quando li este livro, eu me lembrei de uma história que me inspira muito. Fala de um rio lindo, de águas cristalinas, que atravessava montanhas. Quando chegou à base de uma delas, descobriu que, do outro lado, havia um grande brejo. Então perguntou a Deus:

– Como pôde fazer isso comigo, Senhor? Eu, com águas transparentes e paráveis, agora vou virar brejo?

– Depende de como você vai entrar nessa aventura. Se ficar com medo, tenso e preocupado, realmente chegará lá devagar e se tornará um brejo. Contudo, se mergulhar e for fundo nessa experiência, suas águas vão se espalhar pela superfície do mangue e evaporar. Depois se transformarão em nuvens e serão levadas pelo vento em direção ao mar. E você se transformará em um grande mar, respondeu o Senhor.

Como nessa história do rio, podemos escolher como será nossa vida. As histórias de vida dos grandes (e dos pequenos) empreendedores são bons exemplos disso, pois costumam ser pessoas que sonham, sobretudo, em fazer algo por outras pessoas, ajudando-as a resolver seus problemas ou mesmo auxiliando-as a mudar de vida.

A história de Renato Saraiva é uma dessas. Ele é um grande empreendedor da área de educação a distância, talvez o maior do país. Proveniente de família pobre, sempre viu na educação a única chance de conseguir um futuro diferente, e apostou nisso desde cedo, ao prestar concurso para sargento da Aeronáutica, primeiro de uma série de concursos nos quais passou. Num desses, acabou se mudando do Rio de Janeiro para Recife para atuar como Procurador do Trabalho.

Com um bom salário, ele poderia ter se acomodado; no entanto, quis proporcionar a outras pessoas ensino de qualidade para que elas também pudessem ter as oportunidades que ele teve. Então, juntou suas economias e criou um curso preparatório para concursos da área do Direito. Ao final do primeiro ano, quase falindo, produziu uma aula online. Esse foi o pontapé inicial para o CERS Online, hoje um dos maiores cursos online do país. Com essa empresa, Renato já ajudou muita gente a melhorar de vida, tanto alunos quanto professores – que são mais bem remunerados do que em muitos outros cursos.

Um desafio de muitos empreendedores brasileiros é que eles iniciam seus negócios e acabam sofrendo mais do que precisam. Este livro do Renato vai ajudá-lo a ter resultados mais rápidos, a evitar insônia, preocupação e, o pior de tudo, ser escravo do seu trabalho.

Você vai conhecer suas estratégias de empreendedor bem-sucedido. Renato não tem medo de ser copiado: está sempre de olho em novas ideias, mas, principalmente, em como executá-las para sair na frente, conquistar novos clientes e ajudar mais pessoas antes de seus concorrentes. Ele é uma pessoa que gosta de gente e que leva a sério o lema "vamos juntos!", pois "aposta que se todo mundo fizer certo, todo mundo ganha junto".

Para mim, é um orgulho escrever este prefácio. Tenho certeza de que o Renato Saraiva e seu livro *Vamos juntos!* serão uma grande inspiração para que você se torne um grande empreendedor e consiga transformar seu sonhos em realidade sem passar por uma fase de pesadelos.

ROBERTO SHINYASHIKI

Psiquiatra e palestrante, é autor de best-sellers como *Problemas? Oba!*, *O sucesso é ser feliz* e *Louco por viver*

Apresentação

Quilômetros, quilos, calorias, quilowatts, segundos, graus. Esqueça tudo isso! Estamos falando em bites, além de outras medidas subjetivas, para as quais o ser humano ainda não conseguiu inventar um instrumento de aferição: determinação, intuição, amor e empatia. Então, antes de colocar os seus óculos de (pré) conceitos e padrões para ler e qualificar este livro, eu já estou avisando que sua experiência será um pouco diferente do que você está acostumado. De toda forma, o título da obra já é um convite para que você confie nas próximas páginas.

"E aí? Vamos juntos?"

Essa foi a frase que ouvi, atônita, do professor Renato Saraiva após receber seu convite para escrever este livro. Há cinco anos eu testemunhava, dia após dia, trabalhando como jornalista do CERS Cursos Online, o seu andar pelos corredores da empresa soltando ideias inusitadas, gritos animados e interjeições. No entanto, aquela era uma surpresa para mim. Uma surpresa assustadora! Como contar com justiça a história e as estratégias de empreendedorismo de uma das pessoas por quem sinto maior admiração? "Missão difícil", pensei. Mas foi com ele mesmo que aprendi a desafiar minhas incertezas. Aquele era um convite irrecusável.

Os cursos online, antes discriminados pelos estudantes, começaram a conquistar um tímido espaço a partir de 2001, até sofrerem um grande "bum". O CERS abriu as portas em 2009 e, em apenas seis anos, havia crescido, em faturamento, 6.900%. Um percentual notável diante da realidade de outras empresas brasileiras que tentavam, a duras penas, manter os números. Um verdadeiro *case* de sucesso. Para entender como isso aconteceu e o principal diferencial para concretizar esse feito, sentei e conversei com muita gente legal. Professores, gerentes, amigos, colaboradores, familiares do Renato, e fiz descobertas incríveis, além de reforçar as impressões positivas que eu já tinha a respeito dessa grande personalidade. Você vai entender sobre o que estou falando, tanto no decorrer desta publicação, quanto no aplicativo que a acompanha, repleto de vídeos e depoimentos curiosos dos bastidores.

Definitivamente não daremos aqui as respostas sobre como se pode ter sucesso no formato que você gostaria de ouvir, seja como empresário, seja como futuro empreendedor, concurseiro ou apenas um leitor curioso. Ser empreendedor, ser concurseiro, ser pai de família, ser feliz não é fácil. Este livro vai lhe dar motivos para não desistir e continuar tentando encontrar seu lugar ao sol, mesmo em condições adversas e mesmo quando ninguém acreditar no seu objetivo. Foi assim com Renato. Que transformou a triste perspectiva de vida que tinha, como menino pobre, do subúrbio do Rio de Janeiro, em oportunidades, apostando na educação, nos livros, nos concursos públicos e possibilitou essa mesma realidade a tantos outros brasileiros que hoje navegam na rede em busca de seus cursos preparatórios.

A intenção aqui é fazer com que você descubra uma nova forma de gerir sua empresa, seu tempo e sua vida.

Boa leitura!

Ana Laranjeira

Nota

APLICATIVO VAMOS JUNTOS

Para que você tenha uma experiência completa de imersão nas histórias e dicas apresentadas neste livro, distribuímos, ao longo dele, uma sequência de códigos em QR Code que irá transportar você para dentro dos estúdios do CERS Cursos Online. Na loja de aplicativos do seu *smartphone*, baixe o aplicativo Vamos Juntos, disponível para IOS e Android, e com o leitor de QR Code assista aos vídeos de bastidores no seu celular. Você vai conhecer curiosidades sobre o modelo de negócio e gestão de pessoas desenvolvido pelo empreendedor Renato Saraiva. Esses vídeos são os bastidores da produção desta obra e mostram trechos das entrevistas com sócios, amigos e familiares do empresário, realizadas pela jornalista Ana Laranjeira, para escrever com fidelidade as linhas a seguir.

Esperamos que você aproveite de maneira interativa a nossa publicação!

Sumário

#capítulo1

EMPREENDEDORISMO DE ALTO IMPACTO

No dicionário Houaiss, *a palavra* empreendedorismo *significa: 1. disposição ou capacidade de idealizar, coordenar e realizar projetos, serviços, negócios. 2. iniciativa de implementar novos negócios ou mudanças em empresas já existentes, com alterações que envolvem inovação e riscos. 3. conjunto de conhecimentos relacionados a essa forma de agir. O empreendedor de alto impacto, portanto, é aquele que representa um grande exemplo para o empreendedorismo brasileiro, preenchendo quatro critérios essenciais: forte personalidade empreendedora, seu potencial de mercado, sua capacidade de escala e seu diferencial competitivo.*

#

Era abril de 2015 e Renato Saraiva estava no Chile, frente a frente com grandes empresários internacionais. Sua empresa e sua forma de gerir eram postas em pauta naqueles dois dias decisivos em Santiago. Ser aprovado na etapa final da avaliação da Endeavor[1] traria novo significado para o seu negócio e para a sua vida como empresário. Das 23 empresas participantes, apenas duas eram brasileiras e tinham um nome relevante para concorrer àquela edição da seleção, que daria aos aprovados o título de *Empreendedor Endeavor*. Os selecionados teriam o reconhecimento de que suas ações têm alto impacto na sociedade, mudando de forma consistente a vida das pessoas, e, por isso, seriam assessorados por um grupo de mentores experientes e ficariam ainda na mira de investidores de peso. Para um empreendedor, participar dessa seletiva é quase como ser convocado para a Seleção Brasileira de Futebol.

Renato estava confiante, porém nervoso. Nessas horas, até os mais experientes sentem frio na barriga. Aquele seria mais um passo em uma trajetória de suor e dedicação que teve início em

---

[1] A Endeavor é a organização líder no apoio a empreendedores de alto impacto ao redor do mundo e está presente em mais de vinte países. Seu principal objetivo é selecionar e impulsionar empreendedores inovadores, inspirando-os e capacitando-os, a fim de provocar mudanças consistentes no cenário do empreendedorismo mundial. (Veja mais em: <https://endeavor.org.br/>.)

2009, com a abertura de sua empresa, o CERS Cursos Online, que sempre teve como proposta democratizar o processo educativo de qualidade, fazendo com que aulas e treinamentos a distância atingissem grande parte da população brasileira com acesso à internet, chegando até mesmo àquelas cidades mais distantes das principais capitais.

Um ano e meio antes de chegar ao Chile, Renato havia sido indicado para participar do processo seletivo e concorrer a esse título pelo amigo e ex-diretor-presidente da Rapidão Cometa, Américo Pereira. Sua empresa foi protagonista de uma das maiores fusões empresariais já acontecidas no Brasil. Em 2012, ao ser comprada pela gigante norte-americana Fedex em um contrato bilionário, entrou para o time das cinco maiores operações da líder mundial de entregas expressas.

Com esse know-how, Américo não poderia ser outra coisa senão embaixador e fundador da Endeavor Nordeste, responsável por identificar na região negócios relevantes para o país, avaliar novas empresas, articular e conectar a rede, influenciar políticas públicas, participar de eventos de capacitação e estimular empreendedores a ir ainda mais longe. O CERS, desde seu surgimento, passou a se enquadrar como uma daquelas empresas que vale a pena analisar mais a fundo no intuito de entender a fórmula para sair do vermelho, tornar-se milionária em menos de seis anos de funcionamento e, assim, ter força para transformar positivamente a vida de muitas pessoas. Nesse curto intervalo de tempo, Renato elevou o seu "cursinho" ao status de maior preparatório online do Brasil para carreiras públicas.

Esqueça as teorias! O que você vai perceber é que Renato conseguiu aplicar ao CERS suas percepções de mundo, seus desejos e um admirável feeling para os negócios e para o marketing, misturando sensibilidade com pulso firme e uma boa dose de determinação. Assim, ele conquistou não só alunos de todo o Brasil, mas também grandes mestres do Direito, colaboradores devotados e parceiros para toda a vida.

O resultado foi uma estrutura com mais de 30 estúdios de gravação de aula, em vários pontos do país (Pernambuco, Bahia, São Paulo, Rio de Janeiro, Paraná e Distrito Federal), com capacidade de gravação de 160 horas de aula por dia e transmissões online em alta definição (HD). Quase 350 mil alunos já se prepararam com os professores do CERS para os mais diversos concursos das áreas jurídica, fiscal e administrativa, bem como para o Exame de Ordem da Ordem dos Advogados do Brasil (OAB). Como consequência, esses estudantes figuraram entre os primeiros lugares de certames realizados nos vários estados brasileiros. Como destaques, podemos citar os concursos para procurador do Ministério Público do Trabalho (18 dos 32 aprovados) e as frequentes aprovações nos Tribunais Regionais do Trabalho Estaduais. Atualmente, quase 139 mil alunos estão ativamente matriculados em algum dos cursos preparatórios do CERS. Com uma incrível presença digital, a empresa conquistou mais de 420 mil seguidores nas mídias sociais, tornou-se reconhecida entre os estudantes de Direito por sua qualidade e relevância e teve de aprender a lidar com um crescimento meteórico. Apenas entre os anos de 2012 e 2014 o faturamento do CERS aumentou mais de 50%, percentual que raríssimas empresas brasileiras atingiram no mesmo período.

Logo ficou claro que o mérito para as mais recentes e grandes conquistas do CERS tinha sido o resultado da fusão de duas personalidades opostas. De um lado, um empreendedor digital, aventureiro e de bermudas, que gosta do risco e que aposta em novas tecnologias e investimentos. Do outro, o típico funcionário público cauteloso, que prefere saber muito bem onde está pisando antes de investir tempo e dinheiro. Renato Saraiva e Francisco Sales, sócios e amigos, ficaram surpresos e felizes com a notícia de que poderiam ser impulsionados no mercado por grandes nomes, nacionais e internacionais, do empreendedorismo inovador. Tudo parecia bom demais para ser verdade.

> "A Endeavor passa semanas convencendo pacientemente o empreendedor da importância de participar de um processo como esse. Você precisa escancarar as portas da sua empresa e da sua vida e eles prometem te mostrar os caminhos para crescer ainda mais. No princípio eu não estava muito seguro. Uma instituição que vem te ajudar sem querer nada em troca? Isso funciona? Isso é verdade? Você leva um tempo para acreditar."
> (Renato Saraiva) ■

Desconfiança e incerteza, inclusive, eram os sentimentos da moda no país naquele início de ano e assim permaneceu nos meses subsequentes, parecendo-nos essa atmosfera muito atual até hoje. Enfrentava-se uma combinação cruel de forte desvalorização cambial, com o aumento dos custos de financiamento externo e das taxas de juros domésticas. O mercado financeiro em desordenamento apresentava forte risco para a economia, que já estava lutando com recessão e inflação alta. Esse ciclo significava a disparada dos custos de produção, declínios na atividade, aumento do desemprego, queda dos salários reais, consumo reduzido e aceleração da fuga de capitais. Cogitar aumentar os investimentos e esforços para crescer em 2015 parecia utópico, mas o arrojo sempre fez parte da personalidade de Renato Saraiva, que ignorou os apelos negativos da crise e enxergou a oportunidade de se superar.

O processo seletivo para ser um empreendedor de alto impacto é rigoroso, dividido em várias etapas, e pode durar mais de um ano, começando pela investigação. Nos primeiros meses, Renato e Francisco foram revirados pelo avesso em uma verdadeira investigação sobre cada detalhe da vida de ambos, verificando características essenciais como seriedade, idoneidade, honestidade e competência. Depois, foi a vez de pesquisar sobre o mercado em que a atividade estava inserida e ver se o terreno era fértil para novos negócios e oportunidades.

A grande descoberta é que o ensino online cresceu vertiginosamente nos últimos anos. Junto com a expansão do fornecimento de internet banda larga, uma nova geração de jovens nascidos em um ambiente 100% digital promoveu a popularização dessa modalidade de ensino, afastando o preconceito de anos passados e gerando confiança mesmo no público que antes só apostava suas fichas nas salas de aula presenciais.

Segundo o Relatório analítico da aprendizagem a distância no Brasil (CensoEAD.br da Associação Brasileira de Ensino a Distância – ABED/2013), em 2012, havia aproximadamente 4 milhões de brasileiros matriculados em algum curso de EAD no Brasil.[2]

---

[2] Disponível em: <http://www.abed.org.br/censoead/censoEAD.BR_2012_pt.pdf>. Acesso em: 10 jun. 2016.

Pelo mapeamento, verifica-se crescimento do número de alunos em todos os níveis educacionais. Desde o início desta década, os números de alunos e de cursos de EAD no Brasil têm mostrado, por todos os levantamentos feitos a respeito, uma evolução significativa em relação ao crescimento econômico do país.

O crescimento da classe C e a existência de 15 milhões de adultos entre 25 e 30 anos que ainda não possuem curso superior no Brasil são considerados os pilares para a expansão do ensino a distância (EAD) no país. Mensalidades mais baixas, que chegam a ser até quatro vezes mais baratas do que a mensalidade de um curso presencial, atraíram grande massa de consumidores, que tende a dobrar até 2019.

Dados do Instituto Nacional de Estudos e Pesquisas (Inep) mostram que o EAD foi a modalidade que mais cresceu no mercado de ensino superior, com uma taxa composta de crescimento anual (CAGR) de 41,2% no período de 2003 a 2012. Os últimos dados do Censo da Educação Superior mostraram que o EAD no Brasil encerrou 2012 com 1,2 milhão de alunos matriculados, ante um total de 7 milhões em todo o sistema.[3]

As expectativas para o futuro do EAD são ainda mais positivas. O último relatório da Cisco sobre o tráfego na internet mostra que, em 2019, 80% da circulação de dados na rede será de vídeos. Para se ter uma ideia, o tráfego global chegará a 2 zettabytes

3 O primeiro dado é uma comparação entre os dados do resumo de 2003 e do resumo de 2012, pela fórmula da taxa CAGR [(1.148/52) ^ 1/9] – 1 = taxa (41%). O segundo dado está na página 22 do resumo de 2013. Ambos são dados retirados a partir da interpretação dos gráficos. Disponível em: <http://portal.inep.gov.br/web/censo-da-educacao-superior/resumos-tecnicos>. Acesso em: 10 jun. 2016.

(100 trilhões de gigabytes). Antes mesmo das pesquisas e dos números, Renato enxergou esse futuro e apostou nele, enquanto a maioria ainda recuava.

Essa realidade, somada a um sistema exclusivo de remuneração para professores implementado pelo CERS em seu modelo de negócio, fez com que a empresa se destacasse das demais do mesmo ramo.

Após atestar todas as excelentes perspectivas para o mercado, a Endeavor partiu para a fase de auditoria das áreas financeira e administrativa, de gestão de pessoas e recursos humanos. A intenção era avaliar toda a parte societária, bem como auxiliar no planejamento estratégico do negócio, dando diretrizes e dicas de melhoria. Para Renato, os momentos de maior aprendizado aconteceram quando outros empresários e profissionais de renome se colocaram à disposição para conversar sobre novas formas de gerir os setores e os processos.

A IMPORTÂNCIA DE BONS MENTORES NA VIDA DE UM EMPREENDEDOR

"Não é todo mundo que abre a cabeça para receber opiniões de terceiros sobre o seu negócio. Afinal, o que eles podem saber mais do que você sobre a sua própria empresa? O que a maioria dos empresários não sabe é o quanto uma mentoria (ou uma conversa sincera) pode ser valiosa, trazendo ideias de novas tecnologias, diferentes canais de comunicação, formas modernas de gestão de pessoas, além de ferramentas, técnicas e métodos interessantes que foram usados e deram certo em outras organizações e que podem dar certo na sua também! Por que não? Um dos maiores erros de um empresário é ser orgulhoso e não enxergar essa oportunidade como um privilégio." (Renato Saraiva) ■

Um dos nomes mais importantes do país quando o assunto é inovação e empreendedorismo, o professor Sílvio Meira, reconhecido pesquisador brasileiro da área de Engenharia de Software, foi um dos mentores do CERS. Em sua carreira, ele ajudou a criar o CESAR (Centro de Estudos e Sistemas Avançados do Recife) e fundou o polo tecnológico Porto Digital, referência em todo o Brasil no desenvolvimento de novos talentos e startups inovadoras.

"Conversamos muito com o Sílvio sobre a nossa equipe de tecnologia. Tínhamos uma grande estrutura, com 50% do recurso formado por desenvolvedores e os outros 50% por profissionais de teste, infraestrutura e web designers. Gerir essa equipe era um desafio. Sílvio nos orientou a dividir a TI em uma equipe emergencial e outra equipe para atividades estratégicas, voltadas para a criação de tecnologias do futuro. Essa perspectiva nos mobilizou a aumentar ainda mais o nosso quadro de profissionais de tecnologia, fazendo de 2015 um grande ano." (Renato Saraiva) ■

Para a estruturação de um planejamento estratégico, outros grandes empresários fizeram questão de dar suas contribuições. O executivo do GP Investments e presidente do conselho da Estácio (empresa de educação que faturou 1 bilhão de reais apenas em 2010), Eduardo Alcalay, ajudou nessa fase com sugestões sobre marketing, e-commerce e gestão de pessoas. Alcalay tem mais de quinze anos de experiência em bancos de investimento e transformou a Estácio na segunda maior companhia em educação de ensino superior do mundo, criando valor substancial para os acionistas.

Já haviam se passado nove meses do momento da indicação até o painel nacional da seletiva. As partes fundamentais da organização haviam se reestruturado e o CERS, que já trilhava um caminho de sucesso, fortaleceu-se com um olhar diferente para o futuro. Naquele dia, em São Paulo, na cadeira dos avaliadores, sentavam os donos da Total Combustíveis, da rede nacional de academias Smart Fit, e do Grupo Multi Holding, detentor de marcas como as escolas Wizard, Yázigi e Skill. Renato e Francisco precisavam resumir seis anos de história em apenas dez minutos. Entre sugestões e questionamentos por parte dos jurados, a sabatina durou quarenta minutos. Estar entre os melhores sempre foi o objetivo dos dois empresários. Assim, trabalharam caprichosamente em uma apresentação objetiva e transparente, que culminou com a aprovação de Renato e Francisco para participar da etapa internacional, que aconteceria três meses depois, no Chile.

DE VOLTA AO CHILE, EM ABRIL DE 2015

Um coquetel de boas-vindas esperava Renato e Francisco naquela manhã de segunda-feira, 22 de abril de 2015. Na sequência, a palestra de abertura do 58º Painel Internacional de Seleção da Endeavor explicou como os dias seguintes seriam conduzidos. À noite, um jantar "quebra-gelo" promoveu o ambiente ideal para deixar de lado as tensões da avaliação e para fomentar conversas frutíferas sobre o ambiente corporativo entre os empresários presentes. Difícil foi colocar a cabeça no travesseiro e dormir tranquilo depois de mais de um ano de preparação para aquela triagem.

"Ser um Empreendedor Endeavor significa ter sua empresa valorizada em 25%. Motivo suficiente para perder o sono. Naquela noite, mesmo ansioso, ainda consegui descansar. As poucas horas de repouso me deram ânimo para enfrentar a maratona da terça-feira. O painel internacional foi muito mais puxado que o vivido no Brasil, tinha mais etapas e nomes de relevância ainda maior nos avaliando. Mas eu estava preparado, sabia falar sobre a minha empresa. Não tinha o que inventar, aquilo ali era sobre a minha vida." (Renato Saraiva) ■

Verônica Serra, sócia fundadora da Pacific Investments e do Fundo de Capital Innova, integrou o comitê de avaliação junto a empresários argentinos, americanos e espanhóis. Das 23 instituições concorrentes, 18 foram selecionadas, entre elas, apenas duas brasileiras. O CERS era uma delas. Era um grande dia para Renato Saraiva e seu sócio, agora, oficialmente, novos Empreendedores Endeavor.

APP VAMOS JUNTOS – Posicione aqui o leitor do aplicativo e assista ao vídeo que deu a Renato Saraiva o título de Empreendedor de alto impacto.

"Eles não acreditavam na velocidade do nosso crescimento. Disseram que usávamos poucas ferramentas digitais para ter um resultado tão significativo e confidenciaram nem imaginar o tanto que poderíamos avançar usando as ferramentas corretas. Dos feedbacks que tivemos, o mais marcante foi quando os jurados disseram que éramos uma empresa nordestina offline que fazia muito sucesso online. Isso nos marcou substancialmente e nos mobilizou a buscar ainda mais novidades em soluções digitais para o negócio." (Renato Saraiva) ■

O impacto dos conselhos daqueles líderes experientes intensificou em Renato seu já forte espírito empreendedor e ele passou a tirar do papel grandes projetos e se aventurar na diversificação de produtos. Parcerias foram fortalecidas, como a participação tecnológica do CERS na produção e comercialização de cursos de pós-graduação online em Direito junto à Universidade Estácio de Sá. Renato já reconhecia um déficit na oferta de cursos *lato sensu* que possibilitassem a aprendizagem dos diversos campos do Direito através do conhecimento e da experiência dos professores e da tecnologia avançada na transmissão das aulas. Por isso, o corpo docente da Pós Estácio, em parceria tecnológica com o CERS, foi formado por mestres e doutores com longa trajetória acadêmica, e por advogados, juízes, promotores e procuradores, com grande experiência prática de mercado. O aluno aprende, portanto, com os principais expoentes do universo do Direito, autores de importantes obras jurídicas, sem sair de casa. A união rendeu 3 mil alunos só no primeiro ano.

Outro mercado explorado foi o de cursos corporativos, com um novo ambiente digital de cursos de aperfeiçoamento voltados para órgãos públicos e privados, no qual servidores e profissionais têm acesso a atualizações em suas respectivas áreas de atuação. O CERS Corporativo passou a oferecer soluções educacionais para organizações que anseiam pela qualificação dos seus colaboradores, através da capacitação especializada, aplicada em um ambiente online personalizado, com foco na melhoria dos indicadores, na potencialização dos resultados e no desenvolvimento humano. Os gestores podem acompanhar, por meio de gráficos e relatórios, a evolução individual dos seus liderados, assim como ter uma visão geral do crescimento da equipe, de acordo com o avanço e a participação em aulas e atividades extras.

Para chegar a todos os cantos do país, aproximando-se cada vez mais do consumidor final, é fundada a rede de franquias CERS Centro de Estudo, que, em sua concepção, contou com a mentoria de um dos homens mais experientes quando o assunto é franquias, dono de uma grande franquia de cursos de inglês, e com o know-how do mestre em franchising Daniel Guedes, que, com sua bagagem de 15 anos dirigindo as maiores organizações educacionais do Brasil, também assumiu uma das cadeiras da diretoria do novo negócio. A rede, que oferece pontos presenciais de estudo, com cabines equipadas com computadores wi-fi, livraria, café e serviços de *coach* e *mentoring* é a nova aposta do grupo empresarial.

Para completar o ciclo de investimentos na diversificação de negócios, a Nova Microway, instituição especializada em cursos profissionalizantes para aperfeiçoamento de jovens e adultos, foi incorporada ao CERS e passou a fazer parte do grupo, que agora alcança também alunos com interesse em formação técnica. Ela completa o ciclo de novos investimentos que representa apenas o primeiro passo para uma trilha que leva o CERS a se tornar um gigante educacional de inúmeras frentes.

Para abrir todas essas novas frentes, assim que voltou ao Chile, Renato não sentia desconforto com as críticas que havia recebido. Muito pelo contrário. Ele estava inquieto, ansioso por agir, com muitas ideias a colocar no papel e principalmente fora dele. Em seu escritório, passou as tardes desenhando processos, fluxos e novos projetos, definindo os gestores de cada um deles e pontuando operações particulares. Deixou tudo aquilo visível, com papéis colados em todas as paredes da sala. Convocou reuniões, envolveu os gestores e os colaboradores para colocar a mão na massa e trazer o futuro para o presente. Aquela série de objetivos qualificou e potencializou o crescimento da empresa nos anos subsequentes.

"Agora eu sou mentor de outros empresários e posso ajudá-los, assim como me ajudaram e continuo sendo ajudado. As empresas geridas por Empreendedores Endeavor mantêm contato e fazem trocas constantes de experiência para enriquecimento mútuo. Ninguém consegue nada sozinho. Toda a minha história é marcada por pessoas importantes que cruzaram o meu caminho, e tudo vai muito além dos recentes acontecimentos. O motivo de, hoje, eu ser reconhecido por uma grande organização internacional como um empreendedor de alto impacto teve raiz em outra década, outra realidade, outro contexto." (Renato Saraiva) ▪

Muito ficou claro sobre os anos mais recentes e os dias de glória passados no início de 2015 com a repercussão disso nos meses que se seguiram. No entanto, os olhos brilhantes e idealistas daquele empresário já haviam visto muita desigualdade nas ruas pobres da favela de Vigário Geral. O que fez um menino fluminense de pés descalços conseguir ser referência mundial em empreendedorismo? São lições inesquecíveis e imperdíveis registradas nos próximos capítulos.

#capítulo2

UM PONTO FORA DA CURVA DO SUBÚRBIO PARA O MUNDO DOS NEGÓCIOS

Você é o principal responsável pelo rumo da sua vida. Não importa as condições em que você se encontra, acomodar-se é a pior escolha. Se você não tiver força de vontade para dar o primeiro passo, nada vai mudar.

#

Em 1968 quem comandava o país era o presidente general Artur da Costa e Silva. Quatro anos antes, o Brasil havia sofrido um golpe militar e, nas grandes capitais, estudantes e partidos de oposição organizavam boicotes ao militarismo, indo às ruas protestar contra o regime. Foi o ano da Reforma Universitária, que discutia a centralização ou não pela União do processo educativo, a defesa da escola pública *versus* a escola privada e a vinculação ou não da educação ao desenvolvimento econômico. São décadas de dilemas, e alguns deles soam ainda tão atuais.

Os rumores chegavam a Itaguaí, mas a vida seguia pacata na pequena cidade litorânea de quase cem mil habitantes, distante cerca de uma hora da capital do estado do Rio de Janeiro. No dia 2 de agosto daquele mesmo ano um acontecimento nada político marcou a vida da família Saraiva. A diabetes tornou os nove meses da segunda gestação da dona Iracema bastante complicados. Ela não tinha o diagnóstico da doença e, na época, pouco se sabia sobre os riscos para a mãe e para o bebê. Qual não foi a surpresa dos médicos em realizar o parto normal de uma criança de 5,2 quilos, provavelmente o bebê mais obeso já nascido naquela maternidade! Como consequência da falta de informação e dos problemas decorrentes da diabetes, Iracema entrou em coma logo após o parto.

Foram 28 dias de angústia. Enquanto ela estava no hospital, o marido se viu sozinho para cuidar da filha mais velha, Renata, e de um Renato Saraiva recém-nascido com risco de desconforto respiratório, hipoglicemia e que, além disso, precisava ser amamentado. O pai recorreu, então, a uma mãe de leite, outra mulher que havia dado à luz recentemente e que produzia leite suficiente para o próprio filho e para o menino recém-chegado, um "consumidor de peso".

Depois de quase um mês de pós-operatório, a mãe de Renato saiu do hospital e finalmente pôde pegar o filho nos braços e sentir as delícias da maternidade. Mais tarde, quando cresceu um pouco e tomou consciência do difícil contexto em que nasceu, Renato sentiu-se extremamente culpado e acreditou por muito tempo ser o responsável por aqueles dias de sofrimento. Só depois entendeu que a vida tem suas razões e aquela era sua estreia no mundo, seu primeiro recorde, um pouco diferente das histórias felizes da TV, mas extremamente significativo. Vitória e superação são palavras que definem os primeiros dias de vida daquele que se tornaria um exemplo de sucesso para muitos jovens brasileiros.

Na época em que moravam em Itaguaí, o pai de Renato trabalhava no Rio de Janeiro e fazia faculdade de Direito em Bonsucesso, assim, só ia para casa nos fins de semana. Era uma vida simples, humilde, mas a família morava na principal rua da cidade, onde colocavam as cadeiras na calçada para se livrar do calor e conversar sobre a passagem dos dias.

"Lembro que no quintal da nossa casa tinha um pé de fruta-pão e muitas vezes ele supria a refeição do dia. Eu não reclamava, adoro fruta-pão. Nunca cheguei a passar fome, mas eu tinha uma vida limitada, sem abundância e sem fartura." (Renato Saraiva) ▪

Com o objetivo de ficarem todos juntos, sem mais idas e vindas entre Itaguaí e Rio de Janeiro, em 1973 toda a família se mudou para Bonsucesso. Era um apartamento alugado, um lugar agradável, com muitas crianças, mas foi uma passagem rápida. Dois anos depois, o apartamento em que estavam foi alugado para outra família e o destino levou os Saraiva a morar em Vigário Geral. Se hoje a região ainda tem um dos piores Índices de Desenvolvimento Humano (IDH) da cidade, em torno de 0,763, na década de 1970 esse era um indicador que nem se media. Na época, as ruas da favela de Vigário Geral não eram cheias de comércio e lojas como atualmente, e sua população era vítima de todos os disparates, preconceitos e falta de atenção da chamada cidade formal. As indústrias instaladas na região liberavam por lá seus resíduos sem fiscalização, não havia fornecimento de luz elétrica nem rede de distribuição de água. Só em 1984 os fios para iluminação pública foram instalados. A água foi implantada em regime de mutirão, custeado pelos moradores.

A casa ficava em apenas mais uma perigosa viela do lugar. Na tentativa de proteger os filhos das ameaças adjacentes, o patriarca não os deixava sair de casa, privando as crianças de viverem a liberdade tão importante para a idade. Assim, Renato e sua irmã chegaram à adolescência cheios de medo e desconfiança, dividindo a rotina entre a casa e uma das poucas escolas públicas do bairro.

"Eu não era um aluno dedicado, não gostava de estudar, não me sentia envolvido pela escola. Meus pais apostavam todas as fichas que minha irmã seria a grande personalidade da família e ela fazia por onde, estudando com perseverança para o vestibular de medicina. Enquanto isso, eu fazia minhas revisões de véspera e, surpreendentemente, tirava boas notas, acho que pegava rápido o assunto. Mesmo sem saber direito como, eu sentia necessidade de me destacar em algo, ser diferente dos outros. Mas aquelas condições eram extremamente limitantes. Nas estatísticas, eu era apenas mais um menino pobre do subúrbio carioca".
(Renato Saraiva) ■

Triste com sua realidade, entre os 10 e 15 anos Renato isolou-se, pois não conseguia interagir com os outros adolescentes. Em contraponto, cultivou uma relação próxima com a mãe, que trabalhava nas atribuições do lar e lhe fazia companhia. Já a relação com o pai foi diferente. "Seu René" falava com os olhos. Para disciplinar os filhos nunca precisou bater ou vociferar, pois eles temiam muito mais a sua expressão de censura. A relação entre pai e filho não era confortável. O primeiro, com convicções difíceis de quebrar, e o outro, com uma personalidade forte e explosiva. Assim, entravam em desacordo por diversas vezes. O pai era honesto, trabalhador e incentivava os filhos a buscar melhores condições de vida e autonomia. A forte imagem do seu rosto com um cigarro na boca marcou a vida de Renato, que consegue ouvir até hoje a frase que se repete por diversas vezes no inconsciente: "Não estarei sempre aqui para te defender, meu filho". Assim, acreditando nas palavras do genitor, o jovem Renato fez o segundo grau e entrou para a Escola de Formação de Professores.

Mesmo com tantos exemplos, uma terceira personalidade ainda lhe causava uma positiva admiração. Sua tia, Iara, era a provedora da família. Ela os ajudou em diversos momentos turbulentos, de acordo com suas possibilidades. Renato via naquela benevolente figura um ideal e referencial de vida, afinal, ela era bem-sucedida e morava na famosa Copacabana, enquanto ele sofria as provações da favela. Esse sentimento também o mobilizava a querer mais.

PRIMEIROS PASSOS PARA SE DESTACAR

Com 18 anos, no final do curso para professores, Renato estava no ônibus e viu uma propaganda no muro de uma casa, com letras garrafais, "SEJA UM SARGENTO DA AERONÁUTICA". Estavam abertas as inscrições do concurso para o curso de Formação de Sargentos da Aeronáutica, cuja escola funcionava em Guaratinguetá, no estado de São Paulo. Seguir carreira militar parecia uma excelente oportunidade de sair de Vigário Geral. Ele queria mudar de vida e agarrou-se a essa ideia com todas as forças.

"Meu pai desembolsou algumas economias e pagou um preparatório básico para mim. Mas faltavam apenas três meses para a prova e eu não passei. Em vez de desistir, dediquei-me ainda mais a ser aprovado na seleção seguinte. Procurei outro preparatório com maior renome e meu pai pediu adiantamento das férias para bancar o curso. Estudei por seis meses, uma média de 15 horas por dia. A ponto de meus pais começarem a se preocupar. Mas eu tinha um objetivo muito claro e não estava disposto a abrir mão dele". (Renato Saraiva) ▪

A primeira fase do concurso aconteceu no Maracanã. Quase 16 mil pessoas lotavam as arquibancadas, enquanto o edital oferecia apenas 500 vagas. O som das pranchetas batendo ansiosas ficou na memória de Renato. Aquilo o deixou extremamente nervoso, principalmente nos minutos que antecederam a prova. Ao final do dia, as pessoas saíram contando vantagem e o deixaram assustado, inseguro e preocupado. Foi com muita surpresa que recebeu o resultado da fase objetiva.

"Fui o 11º colocado do Brasil, o 5º do Rio de Janeiro e o 2º entre os colegas que fizeram o mesmo curso preparatório que eu. Mas ainda faltavam três fases: o exame médico, o psicotécnico e o teste físico. Os dois primeiros foram tranquilos, mas com o meu excesso de peso ficava difícil ter um bom desempenho no teste físico. Se eu já tinha chegado até ali, não podia desistir. Eu me muni de toda energia e vontade que pude e fui encarar a prova." (Renato Saraiva) ▪

A corrida foi suada e os abdominais quase desclassificaram o nosso aspirante a sargento. A vontade de ser aprovado era tanta que Renato não percebeu que havia excedido o limite máximo de abdominais definido em edital e continuou o exercício focando apenas no próprio limite, assim, manteve-se fazendo a atividade até não conseguir mais. Não fosse o bastante, no teste de barra, exausto, ele só conseguiu levantar o peso do próprio corpo uma única vez, mas o mínimo para a aprovação era repetir três vezes o exercício.

Ao se dar conta dos deslizes, ficou desanimado, acreditando ter anulado todas as suas chances de ser aprovado na seletiva. No entanto, um sargento em especial assistia a toda a prova e observou atentamente o comportamento do candidato. Como um verdadeiro anjo da guarda, chamou Renato para conversar e disse ver em sua garra e determinação um pouco do que a Aeronáutica estava precisando naquele momento. Assim, aprovou o postulante no concurso. Renato percebeu a partir daí o valor de se preparar com dedicação para seus objetivos e a importância de encontrar e trazer para o seu caminho pessoas e oportunidades certas, que o conduzissem ao sucesso que tanto almejava.

"Isso mudou radicalmente a minha vida. Lembro que, após o curso de formação, que durou seis meses, quando vesti a farda pela primeira vez, quase não me contive de orgulho. Fiquei muito vaidoso, comprei uma moto e as meninas começaram a me olhar. Assumi meu posto na Torre do Galeão, junto aos controladores de tráfego aéreo. Era um trabalho tranquilo, sem pressão, mas também sem desafios. Aos poucos, fui me desencantando. A corporação não nos estimulava a estudar e muitos dos meus superiores não demonstravam qualquer preparo no trato com seus subordinados. Rapidamente cansei daquilo e comecei a aproveitar o tempo improdutivo estudando mais e mais". (Renato Saraiva) ■

COMODISMO NUNCA

Um motor movido a novos desafios: assim se resume a cabeça de Renato Saraiva. Rotina e comodismo realmente não combinam com sua personalidade. Naquele momento, ele precisava de um novo objetivo de vida. E assim tomou a decisão de fazer um curso superior. O Direito apareceu como a alternativa mais natural, uma vez que o pai já havia optado pela profissão e que o senso de justiça era uma virtude moral já intrínseca ao caráter do filho.

No decorrer da preparação para o vestibular, a mãe teve o sistema imunológico abalado em decorrência de doenças que nunca haviam se curado, desde a época do nascimento do filho. Ninguém está preparado para a perda de um ente querido, muito menos no caso de Renato, que se mobilizava prioritariamente pela esperança. Ela faleceu na casa de Vigário Geral e, ao ser questionado sobre seus sentimentos, o filho não encontrou palavras para descrever a dor que sentiu ao receber a notícia. Logo após saber do ocorrido, sentiu-se atordoado, como se não pudesse acreditar no que acabara de acontecer, depois foi tomado pela culpa, pois acreditava que o seu parto difícil havia abalado a saúde da mãe de forma crônica, resultando naquele triste acontecimento. Interrompeu os estudos, viveu o luto e precisou de algumas semanas para se recuperar do vazio e entender que não era o responsável por tudo aquilo. Não ter mais por perto a pessoa que representava a maior e melhor forma de cuidado e carinho que alguém pode ter fez cair sobre Renato a realidade de que, a partir daquele ponto, ele estava por conta própria. Precisaria correr de forma cada vez mais intensa atrás dos seus sonhos e honrar a memória da mãe, uma mulher admirável e batalhadora.

Passar no vestibular foi o marco para uma etapa ainda mais madura e responsável na vida do jovem Renato, com apenas 20 anos na época. Na sala de aula conheceu e se apaixonou pela primeira namorada, dez anos mais velha, com quem se casou apenas dois anos depois, com planos imediatos de se tornarem pais. A gravidez veio na mesma velocidade, trazendo Guilherme, uma criança tranquila. Renato fez de tudo para que o vínculo com o filho fosse diferente da relação distante que manteve com o próprio pai. Tentava ser amigo, companheiro e envolver o rebento nas programações e conversas, mantendo-se presente em seu crescimento e suas conquistas.

APP VAMOS JUNTOS – Posicione aqui o leitor do aplicativo e assista a um trecho da entrevista com Guilherme Saraiva na qual ele conta lembranças da infância.

A partir dali, Renato tinha uma família, e a necessidade de sustentá-la o fez buscar uma segunda alternativa de renda. Assim, em paralelo à faculdade e ao trabalho na Aeronáutica, fez cursos para corretagem de imóveis e atuou por um tempo na área, levantando dinheiro suficiente para manter o apartamento onde viveram por quase seis anos, em Niterói, cidade do Rio de Janeiro, e bancar as despesas com a educação do filho. Apesar disso, a rotina não trazia a qualidade de vida almejada pelo casal. Nos primeiros dias após a formatura, o audacioso Saraiva planejava dar passos maiores e arriscar concurso nas carreiras jurídicas. Com várias horas adicionais de estudo, debruçado por quase um ano em sua escrivaninha, Renato foi aprovado desta vez no certame para Oficial de Justiça da Justiça do Trabalho da 1ª Região (RJ) e pediu exoneração da Aeronáutica pouco antes de tomar posse. O oficial superior desdenhou da decisão de Renato em abandonar uma instituição tão forte e tradicional quanto aquela. Contudo, ele fez ouvidos de mercador e celebrou mais uma árdua conquista para a coleção.

"Lembro que na época em que trabalhou como oficial de justiça meu pai tinha uma scooter amarela e me levava para fazer as diligências. Essa era a parte divertida do dia, porque na maioria das horas eu ficava sozinho em casa, pois ele e minha mãe trabalhavam muito para que eu tivesse tudo e, realmente, nunca me faltou nada. Meu pai sempre foi meu ídolo, um grande companheiro, brincalhão e acompanhava meus estudos. Lembro-me de um episódio em que ele me comprou um videogame. Ninguém no prédio em que morávamos tinha um videogame, pois era um brinquedo muito caro. Eu chamei todos os meus amigos para o nosso apartamento. Viramos a tarde jogando e eu não me continha de felicidade. Só hoje eu entendo o esforço financeiro que meus pais fizeram para me dar aquele videogame." (Guilherme Saraiva, filho) ■

Inquieto, Renato abandonou também a corretagem e passou a ajudar a esposa e o sócio dela, amigo de faculdade de ambos, na administração de um escritório de advocacia especializado em Direito Marinho. Os três viviam suas primeiras experiências em gerir uma empresa própria e, entre tentativas e erros, estavam ganhando muito dinheiro. Na fase de maiores conquistas conseguiram comprar um carro e um novo apartamento. No entanto, viram-se diante de um impasse ao perceber que tinham perfis de gestão diferentes, valores distintos e ambições que caminhavam para lados opostos. Muitas vezes o sócio angariava clientes sem que todos estivessem de acordo com o processo, pensando muito em seus interesses pessoais e deixando de lado os princípios básicos de uma sociedade, em que todos têm espaço para decidir e opinar.

OS RESULTADOS DE UMA MÁ ESCOLHA

A esposa de Renato trabalhava duro e se dedicava integralmente ao escritório, mas não havia desenvolvido ainda o perfil de empresária e ficava em desvantagem na hora de negociações importantes, confiava muito na palavra das demais partes, tinha boa-fé, mas não se resguardava. O marido tentava ensiná-la que no mundo corporativo é necessário jogar duro. Para completar, o temperamento explosivo de Renato resultava em um ambiente nem sempre harmonioso. Como consequência de tantos desencontros, uma trágica manobra financeira rapidamente acabou com os planos dos três jovens empresários. Nem o escritório, nem o casamento, nem a amizade resistiram à crise que se instalou. A separação inevitável devastou a estrutura emocional de todos eles e o escritório foi à falência.

"Minha maior decepção foi com o sócio que eu considerava meu amigo. Penso que dinheiro não pode nunca estar acima dos valores de um homem e do que ele acha correto. No caso dele, a ganância foi muito superior a qualquer outro valor e o fez atropelar princípios como respeito, honestidade e integridade, para alcançar seu objetivo. Mas eu costumo dizer que você colhe o que você planta." (Renato Saraiva) ■

Uma importante lição ficou registrada no consciente de Renato: escolher bem seus sócios e garantir que haja sempre compatibilidade de perfis, caso contrário, são criadas as condições ideais para o fracasso. Na tentativa de se reerguer, ele montou o próprio escritório, que começou bem, mas também faliu, desta vez por falta de clientes.

"Quando olhei em volta, o trabalho pelo qual eu me dedicava tanto havia desmoronado e o relacionamento com a minha esposa estava abalado. Muitas pessoas, diante dessas circunstâncias, se lamentariam e chorariam. Mas transformei a raiva que estava sentindo naquele momento em força, e vislumbrei na queda uma oportunidade de fazer tudo diferente. Todas as pessoas que se dedicam a um negócio passam por momentos ruins, muitos deles com consequências avassaladoras na vida pessoal. Isso faz parte. Walt Disney dizia que os tombos que a gente leva podem ser a melhor coisa da vida, e é verdade. Eu agradeço muito por ter vivido essa fase difícil, porque do tombo de uma traição foi que eu me reergui ainda mais forte. A diferença entre aqueles que fracassam e aqueles que se erguem é a inteligência emocional. Manter-se de cabeça levantada, driblar a situação difícil e dar a volta por cima." (Renato Saraiva) ▪

Aquela rasteira precisava de uma resposta. Renato estudou ainda mais, reavivando na memória todas as vezes em que foi desafiado pela vida e todas as brigas que aceitou lutar. O estudo e o conhecimento o salvaram nos momentos mais difíceis e trouxeram paz nas horas de necessidade. Sabendo disso, fez dos livros, das letras, das leis, dos legisladores sua inspiração e sua motivação. Os papéis espalhados pela mesa, as canetas e marca-textos substituíram os poucos amigos. Assim, a tristeza conseguiu dar lugar a mais uma conquista. Em oito meses, Renato foi aprovado no concurso para procurador do Trabalho do Ministério Público do Trabalho (PRT 6ª Região), com jurisdição em Pernambuco. No entanto, só conseguiu entender o que a aprovação significava quando comparou seu tempo de preparação com o de um amigo que havia tentado durante dez anos mas só foi aprovado depois de diversas provas.

A Procuradoria Regional do Trabalho de Pernambuco tem sede no Recife, então, sem hesitar, Renato mudou-se em 2001 com a família para a capital pernambucana, a fim de tomar posse do novo cargo. O salário de procurador era o dobro do que ganhava como oficial de justiça e permitiu a ele conforto e qualidade de vida nunca antes experimentados. No entanto, após um ano e meio na nova cidade, aconteceu o fim definitivo do seu casamento, culminando na volta da esposa e do filho para o Rio de Janeiro. Apesar de manterem a amizade, para Renato aquilo era uma vivência e um sentimento inéditos. A solidão incomodava, mas ele mantinha a força de vontade inabalada.

"Sobre a minha atuação como procurador do trabalho, um dos momentos mais emocionantes da carreira foi, sem dúvida, quando inaugurei a nova sede da Associação de Pais e Amigos dos Excepcionais de Pernambuco (Apae-PE), que trabalha com crianças excepcionais. A Apae-PE tinha muitas dívidas trabalhistas e estava prestes a fechar as portas. Consegui sensibilizar a diretoria e, após alguns meses, houve a troca da sede onde funcionava a Apae por outra menor, mais muito mais bem equipada. Todas as dívidas trabalhistas foram pagas. Naquela inauguração, fiquei emocionado. Eu podia simplesmente ter ajuizado uma ação civil pública, o que, certamente, levaria ao fechamento da associação. Todavia, optei por tentar recuperá-la, acreditando nas pessoas que a formavam. Ao ver todas aquelas crianças felizes e sorridentes, fiquei emocionado. Valeu a pena. Viver essa fase cheia de novidades me fez refletir. Eu precisava ajudar pessoas que, como eu, sentiam-se marginalizadas e precisavam apenas de incentivo e oportunidades. Com esse intuito comecei também a dar aulas preparatórias para concursos em cursinhos da cidade."

(Renato Saraiva) ■

SER PROFESSOR É TAMBÉM SER ALUNO

Com didática e simpatia, o professor Renato Saraiva conquistou alunos e admiradores em todos os lugares nos quais era convidado a dar aula. Era considerado pelos aprendizes um professor muito direto e específico, trazendo para suas turmas atualizações certeiras, cobradas nos concursos. Seu jeito expansivo e a voz imponente prendiam a atenção mesmo daqueles que insistiam em cochilar depois de um dia cansativo de trabalho e estudo. Atento e perceptivo, Renato reconhecia as expressões de dúvida no rosto dos alunos e conseguia sanar mesmo aquelas perguntas que não eram pronunciadas em voz alta.

Esse foi um tempo em que fez muitos amigos, figuras que futuramente seriam peças-chave na história do Renato empreendedor, que estava prestes a despertar. Entre eles o professor de Direito Penal Geovane Moraes, que ministrava aulas preparatórias para o Exame de Ordem da OAB no mesmo cursinho que Saraiva, no Recife.

> "Na época, revezávamos dois professores por turno. Ele dava aula no começo da noite, de 18h às 20h30 e, quando saía, eu assumia a turma, das 20h30 às 22h. Ele sempre foi muito brincalhão e eu também, então da interação nos corredores e na sala de aula acabamos ficando muito amigos e trocávamos ideias sobre a rotina da docência, confidenciávamos nossas preocupações, ilusões e os encontros e desencontros com as belas alunas que cruzavam nosso caminho." (Geovane Moraes, professor) ■

Uma dessas alunas soube fisgar Renato e, pela segunda vez, a sala de aula foi cenário para o despertar de uma paixão. A diferença é que, agora, ele era o professor renomado e a moça era uma aluna dedicada, sentada na primeira fileira. Apesar de receber muitos telefonemas e passar as noites bem acompanhado, aquela moça parecia ser a única que não cedia às suas investidas, tornando-a particularmente interessante.

Michele, assim como Renato, não era natural de Recife, mas recém-chegada de Natal, no Rio Grande do Norte. Com personalidade forte, a bela de cabelos dourados resistiu a todos os tipos de investida. Apesar de estar interessada, não se sentia confortável com o fato de ser mais uma entre tantas a serem cortejadas. A estratégia usada por ela foi aproveitar que a turma era pequena, apenas 25 alunos, para se destacar mostrando que era diferente das demais.

"Renato é um excelente professor, extremamente didático, então eu adorava assistir a suas aulas. Comecei a me encantar, não com os jogos de sedução, mas com a inteligência dele. Assim, bolei uma estratégia para chamar atenção. Sentava na frente, estudava muito a matéria e fazia muitas perguntas. Assim, nós começamos a nos aproximar e a nos olhar diferente." (Michele Saraiva, atual esposa) ■

Ao final de 2003, iniciaram um relacionamento e Renato acolheu o filho da nova companheira, Felipe, como seu próprio filho, que naquele momento estava distante.

"Eu e meu pai passamos de 2003 a 2013 morando em estados diferentes. E não houve uma semana sequer nesses dez anos em que ele não tenha me ligado pelo menos três vezes ou me visitado no Rio de Janeiro. O fato de não morarmos juntos mexia muito com ele, mas ele sempre foi um pai muito presente, garantindo que a nossa relação nunca fosse abalada. Muito pelo contrário, ela ficava sempre mais forte." (Guilherme Saraiva, filho) ▪

"A cumplicidade que eu via entre Renato e Michele me inspirava demais. Eles são meus exemplos. Tinha gente má intencionada que não conseguia abalar Renato profissionalmente e tentava atacar o relacionamento dele com Michele. Mas, mesmo passando por grandes dificuldades, eles resistiam e se amavam cada vez mais. Todo casal briga e com eles nunca foi diferente, mas um encontrava força no outro. E eu tinha uma inveja branda disso porque, insistindo na vida de solteiro, sentia que no dia em que eu estivesse em uma situação difícil, que eu precisasse de um ombro, uma amiga, não teria ninguém ao meu lado. E eles, como casal, me fizeram perceber que valia a pena me doar para apenas uma pessoa e me entregar de cabeça a um relacionamento." (Geovane Moraes, professor) ▪

Apoiado emocionalmente pela nova família e pelos amigos, Renato se aventurou em um projeto que há anos ansiava colocar em prática: escrever seus primeiros livros sobre a área na qual havia se especializado: Direito do Trabalho. Sua esposa o ajudava com as correções e revisões, dando suporte às publicações, que renderam um bom retorno em direitos autorais. Esse se tornou um projeto perene, e fez Renato ser reconhecido em todo o país como excelente autor, uma vez que seus livros eram dos poucos que traziam um conteúdo especificamente voltado para provas de concursos públicos, com foco direcionado aos objetivos dos candidatos. Ele atendeu aos anseios dos estudantes mais criteriosos e entrou para a lista de mais vendidos da área. Em toda a sua carreira como autor, foram sete livros publicados sobre Direito do Trabalho e Processo do Trabalho e mais de 2 milhões de exemplares vendidos!

Seus livros e sua forma de conduzir as aulas lhe renderam muitas viagens e palestras por todo o Brasil. No final de 2006, a coordenadora pedagógica do curso Juspodivm, um dos mais estruturados preparatórios presenciais para concursos do Brasil, com sede em Salvador, comentou com seu diretor, Francisco Salles, sobre um professor muito famoso no Nordeste, que tinha muitos livros publicados e dava aula para turmas da OAB e para a área trabalhista. Francisco concordou com a convocação de Renato para o time e, com a ida frequente do professor à cidade baiana, as turmas para a segunda fase começaram a encher.

"Renato arregimentava muitos alunos. Chegamos a quase 300 estudantes presencialmente só para o curso dele. Quando ele viu as turmas cheias, me chamou para conversar sobre uma melhor forma de remuneração. Mesmo com um aumento de 50%, ele não ficou satisfeito, não achava justo. Foi então que me propôs uma participação nos lucros. Na época, não existia isso.

Eu ia expor as minhas contas? Se isso virasse moda, seria impraticável para os cursinhos. Eu disse a ele que não faria isso. Ele ficou meio chateado, mas entendeu. Mais para frente, quando ele idealizou o CERS, não teve dúvida sobre implantar esse sistema de remuneração, que virou sua marca registrada e um dos maiores motivos de sucesso." (Francisco Salles, atual sócio) ■

Em paralelo, Renato pretendia iniciar sua jornada empreendedora, engajando-se na montagem e coordenação da pós-graduação do preparatório em que lecionava no Recife. Passou cerca de cinco anos à frente do curso superior, com apoio administrativo da esposa e suporte pedagógico do professor e amigo pessoal, Geovane Moraes.

"Esse tempo em que Renato coordenou a pós no Recife foi um tempo muito difícil e complicado para todos nós. Mas aconteceu uma sinergia, uma compreensão mútua, que fez com que nos unissemos fortemente. Eu sempre tive a premissa de me aproximar de pessoas que, mesmo passando por dificuldades, enxergam soluções. Não gosto de quem fica se lamentando. A primeira turma da pós não deu certo e eu via Renato cheio de problemas, mas buscando resolvê-los, propondo melhorias." (Geovane Moraes, professor) ■

O DESPERTAR DE UM EMPREENDEDOR

No cenário nacional, durante esse tempo, reconheceu-se uma pequena melhora no sistema educacional. Foi quando as novas tecnologias alcançaram as classes B e C. Renato não se limitava a fazer o que era cobrado no dia a dia, pois ele tinha muitas ideias inovadoras para implementar no curso que coordenava. No entanto, tinha sua criatividade tolhida sempre que apresentava sugestões. Para os diretores do cursinho, nada do que Renato propunha era viável financeiramente e os alunos acabavam prejudicados por um sistema ultrapassado e antiquado. Insatisfeito com as péssimas condições da educação e com as injustiças cometidas com os professores, que tinham salários iníquos, além de cruéis jornadas de trabalho, tomou coragem para iniciar a construção de um sonho maior do que tudo o que já havia imaginado. A ideia era fundar seu próprio curso preparatório para concursos com um modelo pedagógico e didático moderno, com base nas experiências dele como estudante e como professor.

Decidido, ainda tomou a iniciativa de convidar o sócio na pós para participar do negócio, mas teve o convite recusado, uma vez que a outra parte acreditava ter um curso consolidado e não precisar de uma fonte alternativa de renda. Contudo, Renato não via o projeto como um complemento para encher os bolsos, mas sim uma oportunidade de conseguir fazer um trabalho de qualidade, como o que ele sonhava para a educação dos seus filhos.

"Estávamos no segundo semestre de 2008, e em determinada noite Renato não estava conseguindo dormir. Quando eu vejo Renato sem sono é porque ele teve

alguma nova ideia. Lembro quando ele virou para mim na cama, me olhou nos olhos e me contou sobre uma casa antiga que havia visto no bairro das Graças, Zona Norte do Recife, e seu desejo de reformá-la para construir seu preparatório. Fiquei preocupada. Estávamos financeiramente estáveis e eu não via sentido em arriscar nossa paz em um investimento tão alto."
(Michele Saraiva, esposa) ■

APP VAMOS JUNTOS – Posicione aqui o leitor do aplicativo e assista a um trecho da entrevista com Geovane Moraes, em que ele conta a reação de Renato ao encontrar uma casa para alugar e montar seu próprio curso preparatório.

"Achei por bem pedir a opinião de algumas pessoas sobre minha ideia e procurei Francisco, pela sua experiência com o curso de Salvador e por todo o carinho e respeito que sempre tive por ele. Lembro que quando fui procurá-lo, lá na sala dele, eu disse 'Francisco, eu vou abrir um curso. Esse curso vai ser presencial e vai ser via satélite'. Aí ele deu um pulo pra trás. 'Via satélite? Você tem certeza disso? Já tem grandes empresas no mercado. Você sabe o custo?'. Eu respondi 'Eu não tenho a menor ideia, Francisco. Mas eu vou abrir'. Ele achou que era uma loucura. E era verdade." (Renato Saraiva) ■

Contra a vontade de uns e apoiado por outros, Renato, já então com 40 anos, depositou todas as economias nessa aventura. Vendeu o carro, deixou de mobiliar o apartamento para o qual haviam acabado de se mudar, deixando para depois a compra dos móveis mais essenciais, como a cama de casal, por exemplo. Além disso, pediu adiantamento dos direitos autorais e abriu mão de uma série de confortos que lutou por tanto tempo para conquistar.

"No fim das contas, juntei 1 milhão de reais e apostei na ideia. Aquele sacrifício fazia todo sentido para mim, mas muitas pessoas próximas me chamaram de louco e não acreditaram no meu projeto. Michele claramente não estava satisfeita com as mudanças radicais, mas resolveu apoiar minha loucura, abrindo mão dos seus próprios sonhos para embarcar comigo nesse desafio. Eu não tinha a menor noção de que era ou poderia ser um empreendedor. Acho que muita gente começa assim. Minha vida é pura paixão, sou extremamente passional. Aquela sementinha antiga que me impulsionava a querer ser diferente voltou a crescer e me mobilizou profundamente. Então, o Complexo de Ensino Renato Saraiva (CERS) finalmente nasceu quando eu me propus a, mais uma vez, fazer algo fora dos padrões."
(Renato Saraiva) ■

APP VAMOS JUNTOS – Posicione aqui o leitor do aplicativo e assista a um trecho da entrevista com Guilherme Saraiva na qual ele fala das decisões por impulso do pai.

Nesse contexto, Renato iniciou o processo de gestação da empresa que tanto idealizara. Um ex-garoto suburbano que, naquele momento, após entrar em sua quarta década de vida, tempo marcado por tantos desafios, abdicou de tudo e investiu as poucas economias para empreender. Nadando contra a corrente, sediou seu sonho no Brasil, em terreno desafiador para educadores e empreendedores, mostrando ao mundo que nada é impossível.

#capítulo3

O GRANDE PROPÓSITO: FAZER A DIFERENÇA

A metáfora da lagarta, encolhida no casulo, que se transforma aos poucos para finalmente mostrar toda a sua beleza e esplendor em vistosa borboleta é o melhor clichê que podemos encontrar para descrever a fase inicial do CERS. Uma empresa que preferiu ser uma metamorfose ambulante, na própria estrutura e na vida das pessoas. Esse é o clima, esse sempre foi o propósito.

#

Jefferson Cruz morava em São Paulo, onde atuava como reconhecido profissional de audiovisual. Ele estava ansiando por aqueles meses lucrativos que antecederiam outubro de 2008. Desde os 16 anos trabalhava em campanhas eleitorais e, ano sim, ano não, era possível embolsar um bom dinheiro, custeado por gordos contratos, que lhe permitiam fazer o planejamento financeiro de um ano inteiro. Naquela ocasião, havia sido convocado para propagandear um candidato a prefeito na cidade de Formosa, no entorno de Brasília, no Distrito Federal. Entre os companheiros de produção estavam vários pernambucanos, recifenses calorosos e orgulhosos da sua cidade natal, que constantemente o convidavam para veranear em suas casas, no fim da temporada de campanhas, e aproveitar um pouco do sol nordestino.

Mesmo com a derrota do candidato que defendia, o orçamento era garantido e permitiu a ele e a esposa, Rachel, uma viagem de férias em dezembro pelas praias das quais passaram meses ouvindo falar. Depois de muito mar, água de coco, e de exagerar no sol, que castigou a pele transparente de tão branca, estava na hora de "abandonar as chinelas na areia" e fazer contatos profissionais importantes. Jefferson visitou inúmeras produtoras de vídeo na cidade e, naquela que se sentiu mais à vontade, não perdeu a chance de dar pitaco no trabalho do editor, de quem terminou amigo e ajudante. Era como um passatempo: ele dizia à esposa para dar um passeio e corria para a produtora, onde atravessava um dia inteiro, sem perceber o tempo passar, participando da finalização dos vídeos.

O show de fogos na orla de Boa Viagem, durante os primeiros minutos de 2009, prometia ser uma despedida em grande estilo daquela passagem divertida e proveitosa pelo Recife. No entanto, uma das donas da produtora onde transitou a maior parte dos dias era também professora de uma universidade local e o convidou a ficar mais um pouco na cidade com a finalidade de ministrar um curso de férias, durante algumas semanas de janeiro, sobre técnicas de efeitos especiais e o uso de ferramentas de edição de imagem, criação de animações e efeitos cinematográficos. Ele aceitou o convite, com o aval da esposa, que estava feliz em ficar mais perto dos pais, que moravam naquela capital.

Após as férias, com passagem de volta para São Paulo já comprada, Jefferson ouviu dessa mesma amiga sobre um professor visionário que desejava estruturar transmissões via satélite das aulas do seu preparatório para concursos e Exame de Ordem. Ficou tentado a oferecer suporte, uma vez que havia participado de vários treinamentos para implantação de transmissões em modelo semelhante enquanto trabalhava na antiga Uniban, atual Anhanguera. Por indicação de um amigo, foi convidado a conhecer o modelo de negócios criado por esse mais novo empreendedor, Renato Saraiva.

Como bem se sabe, a vida na cidade-sede do Galo da Madrugada só começa após o toque dos clarins de Momo, o rei do carnaval. Assim, Cruz invadiu o mês de fevereiro sem tirar os pés do Recife e marcou um encontro com o tal professor para conhecer a estrutura que, futuramente, seria sua segunda casa.

APP VAMOS JUNTOS – Posicione aqui o leitor do aplicativo e assista ao trecho da entrevista com Jefferson Cruz em que ele descreve o primeiro encontro com Renato Saraiva.

CONSTRUINDO O CASULO

Na casa de número 44, na rua do Cupim, bairro das Graças, funcionava, no início de 2009, a filial de um dos preparatórios para concursos mais bem-conceituados da época. No entanto, a construção deixava a desejar e a equipe estava de mudança. Aproveitando a deixa, Renato apostou todas as fichas no aluguel daquela casa, que precisava de sérios reparos na estrutura.

Em um passeio pelos cômodos e pelos corredores, mostrou a Jefferson o local no qual pretendia construir várias salas de aula e o maior auditório do Recife para eventos presenciais de revisão para provas. O convidado tentou esconder sua surpresa ao ouvir os planos megalomaníacos daquele professor. Soava realmente uma loucura alguém investir tanta energia e dinheiro em meio a uma crise econômica internacional, com repercussões no mercado nacional. Afinal, o Brasil sofria com a escassez de crédito internacional. Caíram as exportações e o preço das mercadorias primárias, aumentaram o risco e a taxa de juros. Segundo economistas, aquela foi uma recessão maior do que a de costume, comparável apenas com a de 1929, também conhecida como A Grande Depressão.

Pelos planos de Saraiva, Jefferson viria para treinar a equipe técnica do CERS, uma vez que estava acostumado com a maturidade do audiovisual paulista. Na época, São Paulo apresentava uma produção já consolidada, mostrando ao mundo grandes filmes e uma cena alternativa fervente, além de uma publicidade inventiva e arrebatadora de prêmios. Por sua vez, Jefferson também via o Recife como um polo de grandes produções, com condecorados diretores de fotografia, e, assim, criou a expectativa de encontrar uma equipe experiente, precisando apenas de uma diretriz. No entanto, para a grande surpresa do paulista, Renato havia convocado os eletricistas que estavam atuando na reforma da casa para operar as câmeras, mas nenhum deles havia manuseado o equipamento nem ao menos uma vez na vida.

Assim, não chegou a ser uma surpresa a fracassada primeira tentativa de comunicação. Os eletricistas não entendiam nenhum dos termos técnicos utilizados por Jefferson e ele percebeu que o desafio era bem maior do que esperava. A coisa ganhou ares muito sombrios. Aquilo não seria exatamente um treinamento, mas sim uma complexa formação de profissionais inexperientes.

"Minha saga começou com dificuldades na troca de ideias. Como diríamos no interior, eu teria que 'agarrar o boi pelo chifre'. Para a minha sorte, rapidamente percebi que os meninos estavam com muita vontade de trabalhar, muito interesse, muita atenção. Eu me sentia um herói trabalhando com os caras. Eles prestavam atenção em tudo, eram muito focados." (Jefferson Cruz, atual sócio) ■

APP VAMOS JUNTOS – Posicione aqui o leitor do aplicativo e assista ao trecho da entrevista com Jefferson Cruz no qual ele se emociona falando das vidas que foram transformadas com o trabalho no CERS.

A relação criada entre os primeiros colaboradores do CERS tinha um quê de irmandade. Eles passavam muito tempo juntos, ajudavam-se, apoiavam-se e sabiam que podiam contar uns com os outros. O trabalho era interminável, uma vez que o quadro enxuto não permitia ampliar a equipe, composta por poucas pessoas. Contudo, Renato estava dando o seu melhor: circulava por toda a empresa, envolvendo e estimulando os funcionários e fazendo todos se apaixonarem pelo que ele é apaixonado. Sentia nas mãos a responsabilidade de ter sob sua dependência pessoas, famílias e histórias de vida. Ele olhava para o que estava construindo e via um propósito muito forte pelo qual trabalhar. Era preciso continuar criando aquele sonho e fazer o CERS crescer para cumprir tudo o que havia prometido para seus colaboradores, professores e alunos.

"Na hora em que Renato me convidou para dar aula, ele foi muito franco quanto às limitações que teríamos e eu tinha consciência da realidade que ele estava passando, até porque eu estava muito próximo e via as dificuldades. Ele não me prometeu nada. Morro de medo de gente que promete mundos e fundos. Quando o CERS começou não tinha nada bonitinho e estruturado como é hoje. Ele chamou os professores com quem tinha maior contato, mas começamos com uma equipe desfalcada, na qual cada um dava mais de uma disciplina para conseguir atender a toda a demanda." (Geovane Moraes, professor) ■

"Como o próprio nome diz, o papel do diretor é mostrar a direção. Mas determinar a cultura de uma empresa é missão das mais difíceis, pois cada colaborador é um mundo, uma religião, um costume diferente. É muito difícil gerir quando o grupo é muito diverso. Mas quando falamos em liderança, nada disso importa, desde que todos estejam motivados. Motivação é o que faz um sertanejo deixar a terra pronta durante a seca, porque tem fé de que a chuva vai cair. A mágica é que a chuva cai." (Jefferson Cruz, atual sócio) ■

APP VAMOS JUNTOS – Posicione aqui o leitor do aplicativo e assista a um trecho da entrevista com Jefferson Cruz na qual ele fala sobre a postura de Renato diante dos colaboradores da empresa.

O MODELO QUE NÃO DEU CERTO

Esperava-se para o início do ano seguinte um grande concurso para o cargo de Auditor Fiscal do Trabalho (AFT), com cerca de 200 vagas. A principal disciplina do certame era justamente a especialidade de Renato, Direito do Trabalho. Por isso, ele estava confiante de que arrebanharia muitos interessados e as aulas começariam em grande estilo. Com o pensamento positivo e um bom corpo docente, além do preparatório para o curso, montou também as turmas com foco no Exame da Ordem dos Advogados do Brasil (OAB).

As salas de aula estavam repletas de alunos, e o conteúdo da OAB era todo gravado para ser utilizado no projeto *Direito a mais*, que transmitia via satélite nas faculdades os vídeos do complexo para complementar as aulas regulares, no intuito de voltar esforços específicos para a aprovação dos futuros bacharéis na prova da Ordem. Na teoria, o projeto era excelente, no entanto, as faculdades tinham muita resistência em aderir à ideia, pois é papel delas preparar bem seus bacharéis para receber a carteira profissional. Dessa forma, permitir que as aulas preparatórias do CERS fossem exibidas dentro das dependências das instituições de ensino era como assinar um atestado de incompetência. As portas começaram, então, a se fechar.

Para completar o cenário, a equipe ainda não estava afiada para operacionalizar a técnica de transmissão via satélite e enfrentou uma série de problemas com a difusão dos vídeos. Para viabilizar o projeto, era necessário não apenas a mão de obra para gravação, mas também manter uma antena, negociar e preservar a parceria com as faculdades e garantir um espaço físico acessível para os alunos. O investimento era de mais de 20 mil reais por mês e a iniciativa não se pagava.

"Tínhamos uma única câmera e ela gravava todas as aulas presenciais para a OAB. Para o professor que ain-

> da não tinha intimidade com aquele formato era péssimo, porque não podia passar na frente da câmera, não podia ficar andando muito de um lado para o outro, não podia errar. Os técnicos de vídeo, antes eletricistas, não sabiam operar a câmera direito. As imagens não tinham foco, eram tremidas, não tinha iluminação, ficava péssimo! Isso que os meninos fazem hoje, e fica perfeito, eles aprenderam a duras penas, ao longo dos anos."
> (Geovane Moraes, professor) ▪

Com o tempo, outros fatores que não haviam sido avaliados no momento da construção do negócio passaram a interferir seriamente. Cursinhos concorrentes e geograficamente próximos já tinham marcas consagradas e amadas no mercado. Ficava difícil ganhar espaço sem um legado forte. Além disso, esses outros preparatórios começaram a assinar contratos de exclusividade com seus professores e muitos deles precisaram abandonar as aulas no CERS pois estavam impedidos juridicamente de ministrá-las. Renato passou a sentir os obstáculos de montar um corpo pedagógico fixo e procurou alguns desses cursos na tentativa de firmar parcerias que pudessem beneficiar ambos os lados. No entanto, foi recebido por todos eles com indiferença e descrédito.

APP VAMOS JUNTOS – Posicione aqui o leitor do aplicativo e assista a um trecho da entrevista com Geovane Moraes no qual ele fala sobre a reação de professores e empresários do mercado de cursos presenciais às ideias inovadoras de Renato Saraiva.

> "Ser chamado de louco foi essencial na minha vida, porque são os loucos que fazem coisas extraordinárias."
> (Renato Saraiva) ▪

A solução encontrada foi manter na casa os docentes mais fiéis e engajados e levar para o Recife professores de outros estados, mestres com quem Renato já mantinha excelente relacionamento e que fizeram nome pelo país afora. Do Rio de Janeiro, trouxe a palestrante e mestre em Teoria do Estado e Direito Constitucional Flávia Bahia, chamou também a curitibana Aryanna Manfredini, especialista em Direito Processual do Trabalho, e o professor baiano Matheus Carvalho, procurador da Fazenda Nacional, especialista em Direito Administrativo. Outros recifenses já faziam parte do time e demonstravam muita lealdade, como o advogado autárquico, especialista em Direito Público, André Mota, e, claro, o amigo, autor e professor em Direito Penal, Geovane. Para esses, foi proposto um ousado modelo de remuneração com um grande percentual de participação nos lucros da empresa. Essa manobra seria, futuramente, uma das garantias de sucesso do negócio, uma vez que a concorrência nunca conseguiu igualar as propostas salariais dos professores, perdendo espaço.

> "Os professores que estavam comigo desde o início sabiam que nós éramos uma empresa ainda pequena, mas eu os fiz acreditar na ideia. Propus desde o início o ganha-ganha, em que 30% dos lucros dos cursos ficam com eles, proporcionalmente ao número de aulas

ministradas por cada um. O lucro era pequeno, mas eu acreditava que seria muito grande e eles acreditaram comigo. Na época era pouco, mas eu mantenho esse sistema até hoje. É o justo." (Renato Saraiva) ■

"Os primeiros cursos online que existiram no Brasil funcionavam com a seguinte dinâmica: as empresas gravavam a aula do professor, que era mero prestador de serviço, exploravam aquele conteúdo pelo tempo que achavam pertinente e recebiam os lucros. Renato pensou diferente. Ele definiu que os professores eram sócios do negócio também, e ganhariam proporcionalmente à quantidade de aulas comercializadas. Alguns investidores nos taxaram de loucos, pois essa estratégia come grande parte da margem de lucro. No entanto, a habilidade de pensar em diminuir a margem e aguardar o crescimento em longo prazo foi o que manteve esses grandes profissionais com a gente e tornou o CERS o que é hoje." (Guilherme Saraiva, filho) ■

"O que fez os professores ficarem foi a visão inovadora de gestão, com lucros compartilhados. Aquela era uma oportunidade que eles nunca tinham visto em nenhum outro lugar. Renato criou uma relação de muita confiança com seu corpo docente e nunca se sentiu ameaçado por outros professores que lecionavam na mesma área que ele, como a Aryanna Manfredini, por exemplo. Ele sempre pensou em fazer as coisas juntos, crescendo e aparecendo juntos. O interesse dele era tê-los ao lado, trabalhando em parceria com os melhores." (Michele Saraiva, esposa) ■

Com o apoio daqueles especialistas consagrados e com atuação na esfera pública, o conteúdo das aulas foi elevado a outro patamar, e o CERS foi reconhecido pelos estudantes por sua qualidade indiscutível. No entanto, levar os professores semanalmente ao Recife gerava um custo altíssimo com passagem e hospedagem e tornava o negócio insustentável. Na modalidade presencial, os custos se igualavam aos lucros, ou seja, não existia retorno para todo o investimento feito. Em setembro de 2009, apenas oito meses depois de inaugurado, o Complexo de Ensino Renato Saraiva estava completamente no vermelho. Entre os gestores se falava sobre uma grande probabilidade de fechar as portas em novembro do mesmo ano. O clima era de tensão e incerteza. Para tentar equilibrar os gastos, Renato investia todo o dinheiro que recebia em direitos autorais de seus livros na empresa. A esposa, Michele, angustiava-se contando os tostões.

"Passei a contar até mesmo o biscoito que deixávamos na sala dos professores. Chorava muito, todos os dias, pensando onde Renato estava com a cabeça quando resolveu arriscar tanto naquele novo negócio. Mas desejávamos com tanta força que aquilo desse certo. Aquele sonho também havia virado parte de mim e eu estava trabalhando arduamente para tentar realizá-lo.

O sucesso é assim, ele não vem para quem tem ideias, mas sim para quem tem a coragem de implementá-las e defendê-las até o fim." (Michele Saraiva, esposa) ■

A METAMORFOSE: ARRISCANDO UM NOVO MODELO DE NEGÓCIO

Desde o início dos anos 2000, os cursos preparatórios para concursos jurídicos no Brasil não paravam de crescer e o ritmo gerava uma concorrência em que se fazia necessário pensar constantemente em formas inovadoras de ministrar aulas. A primeira ruptura com o modelo tradicional aconteceu quando um dos cursos presenciais com maior representatividade no país optou por deixar de lado a figura padrão do professor para trazer nomes atuantes na esfera pública, servidores renomados, com histórias de vida voltadas à preparação para concursos, para ensinar suas técnicas bem-sucedidas de aprovação na sala de aula. Por alguns anos, esse foi o grande trunfo da instituição, que aprovou milhares de estudantes. Logo em seguida, um de seus professores, de maneira independente, fundou o próprio preparatório, que levou as amplamente reconhecidas iniciais de seu nome. Seguiu a receita do bolo, mas inseriu o ingrediente que expandiu a didática para outros estados, e se tornou responsável pela cultura das aulas transmitidas via satélite. Isso abalou e dominou o mercado, popularizando a entrega de cursos de alto nível e alta capilaridade. Foi uma quebra definitiva nos padrões de ensino, deixando as transmissões via satélite em evidência.

Em um movimento conjunto na busca de soluções para competir com essas duas grandes potências, reuniões de *brainstorm* passaram a integrar a agenda do CERS e, assim, partiu dos próprios professores a sugestão de ministrar cursos online. Seria uma ruptura ainda mais agressiva. Na época, as pessoas viam o online muito mais como uma ferramenta complementar ao ensino e não como o produto final, mas muitos comentavam que o futuro da educação estava na internet, que já abria caminhos para uma nova cultura pedagógica, mesmo que timidamente. O fato de já ter os equipamentos de gravação para o modelo satelital garantiria ao CERS menores custos na transição para o online. Com um olhar felino para os negócios e uma rapidez de raciocínio como poucos, Renato percebeu que a escalabilidade do digital era bem maior do que o modelo presencial ou telepresencial. Ele então estudou alguns casos que estavam dando certo em outros ramos, nacional e internacionalmente, e descobriu que podia manter a qualidade didática se construísse uma metodologia de ensino baseada na comunicação direta e constante com o aluno por meio de diversos canais de comunicação. Isso exigiria adaptação na rotina de trabalho da equipe técnica, aumento no quadro de funcionários e, principalmente, forte empenho por parte dos professores.

"O que mais me preocupava era que, se o modelo online não desse certo, não perderíamos apenas patrimônio, porque patrimônio você dá um jeito. Renato tinha o emprego público dele, ia conseguir se reerguer, ia continuar dando aula, recebendo os direitos autorais. O mais complicado era abrir mão do sonho e dar razão

> a todos que não acreditaram. Eu dei a minha palavra. Renato tinha me pedido uma ajuda, me fez uma proposta, e eu apertei a mão dele. Quando você aperta a mão de alguém, precisa ir até o fim com ele, no bom e no ruim. E mais: eu fiz uma aposta no CERS e o CERS fez milhares de apostas em mim. Era uma dívida de gratidão." (Geovane Moraes, professor) ■

Sabendo que mudança é sinônimo de sofrimento, aguentou bravamente as críticas feitas por parceiros e docentes, que acabaram, muitos deles, desistindo do CERS e virando as costas para o projeto. Para Renato, a dissolução de algumas relações não representou uma perda, mas significou o marco para uma nova fase na qual a equipe estava coesa. Permaneceram unidos apenas aqueles com objetivos comuns e muito claros. Isso fortaleceu os laços e a vontade de fazer diferente. Com os gráficos em constante queda, eles não tinham mais nada a perder.

"No início, não fazíamos ideia de como acontecia o processo de disponibilização dos vídeos online. A empresa que fez o nosso site era quem subia as aulas. Nós gravávamos um DVD e um motoboy levava correndo para eles", lembra Renato. Experimentalmente, foram gravadas as aulas presenciais do preparatório para Auditor Fiscal do Trabalho e disponibilizadas online. O aluno, que já estava habituado ao modelo presencial e via satélite, viu-se diante de uma dinâmica de estudos completamente diferente, em que era o responsável pelo próprio tempo e conseguia flexibilizar um cronograma. Além disso, os vídeos permitiam a oportunidade única de pausar, voltar e adiantar a aula no surgimento de dúvidas, para absorver e anotar melhor os conteúdos, auxiliando na construção de um mapa mental esclarecedor para o estudante. O resultado foi que o primeiro, o segundo e o quarto lugar aprovados no concurso saíram dessa turma. Houve festa e comemoração no dia do resultado. Não existia maior motivo de orgulho para aquela equipe.

Amante das novas tecnologias, e diante desses fatos, Jefferson Cruz foi o primeiro a incentivar a ousada manobra de abandonar de vez o presencial e migrar exclusivamente para os cursos online, apesar de encontrar alguma resistência por parte de Renato, que se mostrava extremamente apegado ao contato com os alunos. No entanto, era necessário tomar uma decisão para que o resultado ficasse ainda mais profissional e resolvesse definitivamente os *gaps* latentes.

APP VAMOS JUNTOS – Posicione aqui o leitor do aplicativo e assista a um trecho da entrevista com Jefferson Cruz no qual ele descreve a primeira reação de Renato Saraiva ao receber a sugestão de abandonar completamente o modelo presencial e manter exclusivamente o online.

Os cursos online da época (2008) tinham características bem particulares e formatos diferentes dos adotados atualmente. A maioria deles era ministrada gratuitamente, em caráter experimental, com curta duração, entre dez e sessenta horas de aula. Muitos baseavam sua metodologia de ensino na leitura de artigos e *slides* (*next-next*) e não em um *player* de vídeo. Além disso, entre as instituições que ofereciam a modalidade, poucas eram reconhecidas no mercado. Aquelas que propunham a venda de videoaulas, faziam-no transmitindo uma aula presencial e reaproveitando as aulas de um curso para o outro.

"Renato se deu conta de que o aluno online precisava de uma didática diferente. Ele queria o professor falando diretamente para ele, com a atenção voltada para ele. O aluno queria ter suas perguntas respondidas também. Era preciso que o professor falasse como quem fala olho no olho. Foi querendo atender a essa necessidade que ele tomou a decisão definitiva de migrar para o online. Renato não queria só ganhar dinheiro, ele queria viabilizar uma experiência de aprendizado melhor." (Michele Saraiva, esposa) ■

O primeiro curso ministrado exclusivamente online foi um preparatório para o Ministério Público do Trabalho. Como servidor do órgão, Renato sabia exatamente o caminho das pedras, conhecia bem o estilo da banca organizadora e tinha a credibilidade de quem já havia sido aprovado. Apesar de todos os esforços, de início, foram poucas matrículas. Apenas 28 pessoas se inscreveram no curso a distância. No entanto, uma grande surpresa veio com a lista de aprovados. Dos 28 inscritos, 27 passaram na primeira fase do concurso, um número impressionante e raro se comparado com os demais cursinhos. A notícia se espalhou como rastro de pólvora entre os concurseiros, mas era preciso oferecer mais opções de cursos para tornar o site atrativo. Assim, vieram os cursos para a segunda fase do Exame de Ordem da OAB. Para a turma de Direito Penal, com o professor

Geovane Moraes, inscreveram-se apenas 20 alunos. O retorno foi tão abaixo da expectativa que Renato decidiu repassar 100% dos lucros para o professor.

> "Quando o chamei para conversar, a resposta que Geovane me deu foi memorável: 'Não posso aceitar 100%. Aqui nós roemos o osso e comemos o filé juntos. Dividimos o pouco e dividimos o muito'. Eu nunca vou me esquecer desse ato e dessas palavras. Eles me fizeram ter a certeza de que eu estava no caminho certo, mesmo que poucos acreditassem. Naquele momento, senti a seriedade do compromisso que eu havia assumido. Era necessário trabalhar muito, ser determinado, obstinado, verdadeiro, honesto, cumprir minhas promessas. Acredito que isso trouxe grandes personalidades para o meu lado. Eu não cansava de repetir: 'Vamos juntos! Vamos juntos! Eu não entro para perder. Vamos ganhar. Vamos conseguir. Vamos fazer. Eu não abandono o barco'." (Renato Saraiva) ■

Confiando também na ideia e no propósito, Jefferson Cruz resolveu mudar-se definitivamente para o Recife, com o aval da esposa, que ficaria mais próxima dos pais, e dedicou sua energia ao objetivo de fazer o negócio dar certo. "Eu já tinha me apegado muito à equipe e ao projeto. Eu não teria coragem de dar as costas, ir embora e largar os caras aqui com um monte de abacaxi na mão", relata. Convencidos de que era necessário gastar mais para colher os frutos no futuro, além dos eletricistas, nesse meio-tempo foram contratados também estagiários, gente nova nas universidades, com muita vontade de fazer diferente e de aprender. Profissionais brilhantes, mesmo com a pouca experiência que tinham. Os gestores não podiam transparecer para a equipe que a empresa estava passando por dificuldades para não desestimulá-los. No entanto, os custos com as passagens dos professores continuavam muito altos e a venda dos cursos não cobriam os gastos.

APP VAMOS JUNTOS – Posicione aqui o leitor do aplicativo e assista a um trecho da entrevista com Jefferson Cruz no qual ele conta sobre o período de maior dificuldade passado pela empresa.

Em determinado momento, Jefferson não acreditou que suportaria financeiramente. Ele havia transferido toda a sua vida para o Recife e não tinha o retorno esperado. Sem reservas de dinheiro ou outras fontes de rendimento, procurou Renato para entender a real situação e decidir se poderia seguir em frente com os planos de permanecer no CERS.

"Nesse dia a Michele me chamou e foi muito transparente: me mostrou a conta bancária do CERS. Nós tínhamos apenas 7 mil reais para pagar a folha, na época com 25 colaboradores, além dos professores e custos administrativos. Só assim entendi a dificuldade que eles estavam atravessando para manter o negócio e passei a admirá-los ainda mais." (Jefferson Cruz, atual sócio) ■

Renato também já estava cansado das infinitas conexões em aeroportos, peregrinando pelos estados, para dar aulas e garimpar novos professores. Ele imaginava que os demais docentes também estavam passando pela mesma angústia. Muitos deles moravam no Rio de Janeiro e em Salvador e era notório que ansiavam por permanecer mais tempo próximos a suas famílias. Saraiva percebeu que era preciso cativá-los mais do que nunca, para não gerar uma onda de insatisfação. Crescer tornou-se uma prioridade. Era preciso automatizar processos e ter uma presença digital cada vez mais forte, ser conhecido na comunidade online. Estava na hora de criar fortes laços com parceiros externos, não dava mais para continuar dentro da caixa.

#capítulo4

O VOO: ELEVANDO O NEGÓCIO PARA OUTRO PATAMAR

Quando um pássaro recém-nascido abre as asas para voar, a única coisa que o mobiliza é o instinto. Ele não sabe executar os movimentos, mas sente a irrefutável força que o impulsiona a se jogar do ninho em direção ao desconhecido. A vontade de viver o faz experimentar a deliciosa sensação de descobrir do que é capaz. E o medo fica no ninho, com os pedaços de um velho ovo, que não lhe cabe mais.

#

Depois de uma crise vocacional, que dividia o brasiliense Maurício Gieseler na decisão por um curso superior entre Biologia, Odontologia e Direito, ele optou por seguir as sugestões da família e de amigos e tentar a vida como advogado, que, parece, proporciona um leque de oportunidades maior. Para receber a carteira profissional, prestou o Exame de Ordem em 2006, e no período de estudos percebeu a enorme lacuna que existia entre o conteúdo lecionado na faculdade e o cobrado nas provas. Apresentou recurso contra questões mal elaboradas pela banca organizadora e auxiliou os amigos na mesma missão. A princípio, três questões foram anuladas nessa edição da prova e Maurício comemorou a aprovação já com a carteira de advogado na mão, no entanto, meses depois foi descoberto um grande esquema de fraude no exame, em que uma professora responsável pela correção do teste orientou seus alunos a deixarem as alternativas em branco que ela mesma as preencheria posteriormente. Com o escândalo, a avaliação toda foi anulada, assim como os registros profissionais dos aprovados naquela edição.

Mobilizado pelo sentimento de revolta, Gieseler lutou quase um ano para reaver o direito de ter sua avaliação considerada, uma vez que não tinha nenhuma relação com o ocorrido. A burocracia e a morosidade do processo fizeram-no desistir da luta e optar por uma nova submissão à prova no início de 2008. No intento de liberar as tensões, resolveu criar um blog para contar tudo o que percebeu durante esse processo e desabafar sobre o desafio de lidar com a pressão de ter de garantir seu passaporte para atuar profissionalmente, no entanto, sem as melhores condições de estudo e poucos conteúdos disponíveis na internet. O projeto de escrever sobre essa experiência foi tão empolgante, que, mesmo depois de aprovado no exame, ele continuou se submetendo às demais edições da prova para entender o padrão utilizado pela organizadora e conseguir iluminar o fim do túnel para seus semelhantes.

"Quando eu criei o blog, ninguém falava muito sobre esse mundo tão particular que gira em torno daqueles que prestam a prova do Exame de Ordem. Ninguém apostava nesse assunto. Enxerguei uma lacuna no mercado enquanto existia essa demanda. E, apesar de a minha formação ser em Direito, acredito que essa seja uma lição para muitos administradores e empreendedores. A partir de uma necessidade minha, apostei que outras pessoas desejavam aquilo também. Os estudantes precisam muito de apoio técnico, emocional e orientação. Os cursinhos e as faculdades se limitavam a dar aula e ponto final. No início, o blog era completamente amador, existia somente porque me dava prazer e me divertia, mas aos poucos fui me sentindo responsável por aquelas pessoas que não paravam de pedir ajuda e vislumbrei ali muitas possibilidades." (Maurício Gieseler, advogado e blogueiro) ■

Com mais maturidade, mantinha o blog atualizado constantemente com notícias e polêmicas sobre o Exame de Ordem da OAB. Gieseler ficou conhecido entre os bacharéis por suas análises profundas das nuances da prova e por conseguir informações em primeira mão de fontes oficiais em Brasília. Postagens sinceras e destemidas sobre o dia a dia de quem se prepara para o exame, embasadas por números, estatísticas e acontecimentos reais, trouxeram alto nível de credibilidade às linhas digitadas pelo intitulado "Guru da OAB", crédito recebido dos próprios leitores. Gieseler não era blogueiro de profissão, mas dedicava boas horas à missão de investigar, apurar e estruturar informações para atender aos anseios de um público fiel.

Ao ganhar fama entre os examinandos (esse é o nome comumente dado aos bacharéis que prestam o exame) e os professores dos preparatórios, o nome de Maurício rapidamente chegou aos ouvidos de Renato Saraiva, que telefonou para o blogueiro propondo uma parceria. A ideia era que o blog fosse incorporado ao site do CERS. Maurício passaria a receber participação nos lucros da empresa e, em contrapartida, divulgaria os preparatórios para a primeira e a segunda fase, as revisões e a excelente didática dos professores, compartilhando toda a audiência da página com o complexo, uma verdadeira parceria "ganha-ganha". ■

APP VAMOS JUNTOS – Posicione aqui o leitor do aplicativo e assista a um trecho da entrevista com Maurício Gieseler em que ele descreve como ficou surpreendido com a personalidade de Renato.

Gieseler voou para o Recife para conhecer a história e a estrutura do CERS e concordou imediatamente com a proposta. Assim, o blog se fundiu ao negócio, resultando no Portal Exame de Ordem, domínio agregado à marca principal. O resultado surpreendeu a todos. Com os olhos grudados na tela do computador, Renato, Michele, Jefferson e Maurício observavam os gráficos despontarem números que se multiplicavam. De 20 alunos para 80, de 80 para 320, de 320 para mais de mil inscritos. Em consequência dessa reviravolta, 2009 fechou com um faturamento de 1 milhão de reais, atingindo o *Break-even Point* (BEP), quando os cálculos indicam que a empresa alcançou o ponto de equilíbrio entre as despesas e as receitas, ou seja, sem lucro nem prejuízo.

A parceria entre Renato e Maurício revelava uma tendência crescente no mercado, em que o Marketing de Conteúdo já vinha atraindo mais a atenção do público do que as antigas técnicas publicitárias. A estratégia era engajar o público-alvo por meio de publicações, vídeos e outros conteúdos relevantes e valiosos, que podiam circular nas mais diversas redes de comunicação, atraindo clientes e potenciais clientes, agregando valor ao serviço e criando uma percepção positiva da marca, em que o principal sentimento envolvido era a confiança. O aumento nas vendas era uma consequência e um indício de que tudo ia realmente bem.

PRIMEIRO MOMENTO DE EXPANSÃO

Mais retorno, mais responsabilidades, e alguns pontos ainda eram pedras no sapato: satisfação do cliente, satisfação dos professores e sustentabilidade do negócio. Clientes são exigentes e querem ter as necessidades atendidas e a promessa de um serviço de qualidade cumprida. O formato das aulas do CERS ainda não era o ideal. Era preciso melhorar imagem, áudio e a experiência do usuário na plataforma EAD.

"A princípio, todo o equipamento era analógico. Uma série de caixas, uma plugada na outra. Dessas coisas que você monta uma única vez e nunca mais modifica nada de lugar com medo de errar o lugar de um fio. Mas Renato sempre adorou mudança, transformação, novidade e ele pedia para que a equipe montasse e desmontasse aquele equipamento em diferentes locais, várias vezes, a cada novo evento ou a cada nova ideia. E o gerente de audiovisual se desesperava, mas precisava executar aquela missão recorrente. Era uma engenharia incrível e um risco sem medida." (Jefferson Cruz, atual sócio) ■

O ano de 2010 foi eleito como o momento de arquitetar e compor um novo arranjo para o CERS, principalmente com a montagem de novos estúdios de gravação. A pressão vinha também dos professores, que se desgastavam com as viagens cotidianas e suspiravam pensando em dias tranquilos e mais perto de casa. Em um forte processo de empatia e reconhecimento, Renato decidiu abrir uma filial no Rio de Janeiro. Essa iniciativa resolveu duas questões: barateou os custos e manteve os professores felizes, perto da família. Eles se sentiram realizados, gratos e privilegiados.

Na época, Guilherme Saraiva cursava Direito em uma faculdade carioca e foi acionado por Renato para capitanear as obras e conduzir os trâmites administrativos da primeira filial. Para o jovem, de apenas 20 anos, parecia uma realidade distante assumir qualquer responsabilidade na empresa do pai, mas aceitou o desafio e desviou alguns planos para se dedicar à missão que havia recebido.

"Não tem como fugir das influências. Meu avô trilhou os caminhos do Direito. A minha tia, Renata, se tornou defensora pública. O irmão da minha mãe é formado em Direito. Minha mãe é advogada e meu pai é concursado. Enfim, toda a minha família sempre girou em torno do Direito. Então, desde pequeno, a única referência que eu tinha era essa e, consequentemente, eu sempre quis me formar para trabalhar na mesma área. Eu sonhava em ser um advogado ao estilo seriado americano. Na época em que meu pai idealizou o CERS, eu ainda estava na faculdade, mas descobri uma nova forma de atuar, sem perder o encantamento pelo campo." (Guilherme Saraiva, filho) ■

Optaram, então, por alugar uma sala em um edifício empresarial na orla e aproveitar a belíssima vista para o mar. Na sala vazia, ainda sem móveis, Guilherme posicionava uma cadeira de praia de frente para a janela e observava o movimento das ondas enquanto esperava a equipe da obra chegar. Ali ele pensava sobre o futuro da empresa e vislumbrava dias melhores, imaginando a sala cheia de colaboradores e os estúdios ocupados o dia inteiro com a gravação das aulas. Quando as coisas começaram a funcionar, era o próprio Guilherme quem fazia os trâmites, da contratação, do livro-caixa ao contato pedagógico com professores. O gerente de audiovisual, Pedro Zanré, viajou do Recife para o Rio para dar suporte à montagem das salas, dos equipamentos, da acústica e da iluminação.

Nessa etapa, Renato contou também com o apoio crucial da Seegma Vídeos, representante brasileira das principais marcas internacionais de equipamentos em áudio e vídeo, que aparelhou os estúdios com equipamentos da linha NewTek TriCaster, desde os primeiros dias de funcionamento do projeto. Cada nova funcionalidade apresentada pelos consultores fazia brilhar ainda mais os olhos de Cruz e Zanré. Segundo eles, entre os pontos a favor do TriCaster está a união de hardware e software em uma única solução.

"Nós gravamos aulas com cinco blocos de trinta minutos, em que tudo funciona como se estivéssemos ao vivo, com vinheta de abertura e geração de caracteres. No final, o material é compactado, armazenado nos nossos servidores e está pronto para ser assistido pelos alunos. A Render Farm[1] do CERS processa todas as quase 70 aulas produzidas por dia em três formatos diferentes, movimentando até 1,4 terabyt de dados diariamente. Tudo é armazenado nos servidores de vídeo mantidos dentro e fora do país, para garantir redundância e disponibilidade de acesso. Essa característica nos dá garantia e confiança para trabalhar." (Jefferson Cruz, atual sócio) ■

---

[1] Render Farm é um aglomerado de computadores que tem como função paralelizar o trabalho de renderização de imagens geradas através de computação gráfica. Essas imagens podem ser tanto estáticas (no caso de still para propagandas publicitárias, por exemplo), animações ou efeitos especiais para filmes.

Além dos estúdios para gravação das aulas, que utilizam câmeras em HD, Renato transformou sua maior sala de transmissão e eventos no Recife em um grande estúdio nos moldes das emissoras de TV, pronto para trabalhar com seis câmeras 2k e um *switcher* TriCaster 8000. Além disso, garantiu à equipe a possibilidade de filmagens externas com uma unidade móvel, com as mesmas capacidades do estúdio. Essa unidade móvel é usada em aulões presenciais que o complexo realiza quando um grande concurso público ou prova está próxima. Renato afirma com muita tranquilidade que os consultores da Seegma estão sempre por perto, disponíveis para auxiliar a equipe em qualquer dificuldade.

"A Seegma foi realmente uma grande parceira, que nos ajudou muito! A gente comprava fiado algumas vezes, outras, eles parcelavam em doze vezes, ou mesmo emprestavam dois a quatro *tricasters*. Devemos muito à equipe da Seegma por termos conseguido crescer. Quando entrava dinheiro no caixa, nós íamos amortizando as dívidas e acabamos por honrar toda a aposta e confiança deles na empresa." (Renato Saraiva) ■

APP VAMOS JUNTOS – Posicione aqui o leitor do aplicativo e assista a um trecho da entrevista com Renato Saraiva em que ele descreve o difícil momento no qual que perdeu o amigo e parceiro da Seegma em um grave acidente.

Dessa forma, máquinas certamente não faltaram para o avanço tecnológico da empresa. No entanto, era necessário também ter representantes de confiança em cada novo ponto de estúdio para manter viva a cultura do CERS. Assim, colaboradores da matriz foram transferidos e passaram a comandar os novos times que se formavam. Aquele era apenas o início da composição de um grupo de funcionários e professores que em poucos anos estaria espalhado por todo o Brasil, com diferentes costumes e diferentes sotaques. Seguindo o ritmo, ainda em 2010 foram construídos estúdios em Salvador e São Paulo.

"O fato de termos professores com os mais diversos perfis foi um dos grandes motivos de sucesso do CERS. O Brasil é grande demais e todos os nossos clientes querem se identificar com a marca. Quando eles enxergam um conterrâneo no vídeo, ouvem o professor falando suas gírias, suas expressões regionais, eles se sentem em casa e o aprendizado flui muito melhor." (Jefferson Cruz, atual sócio) ■

ESTRELAS DO ONLINE

Com uma excelente estrutura e um corpo docente satisfeito e muito mais completo, o alcance da marca começou a ser naturalmente ampliado. As mídias sociais foram peça fundamental nesse processo, trazendo os alunos para mais perto ainda dos professores e criando uma relação completamente diferente dos padrões da sala de aula. Quando falamos da internet, temos a mescla dos dois mundos. O discente e o docente podem ser amigos e compartilhar seus pensamentos, suas angústias e sua rotina um com o outro por meio de postagens diárias. Dessa forma, cada professor se tornou um embaixador da marca, levando o conceito de democratização do ensino ao seu nível máximo. Vídeos com dicas, informações gratuitas e outras séries de dados começaram a circular e a ser compartilhados na rede, carregando a logomarca do CERS, produzindo como efeito colateral uma legião de verdadeiros tietes. Ali, uma pérola do Processo do Trabalho era lapidada. A professora Aryanna Manfredini lecionava a disciplina e já demonstrava uma incrível intimidade com os alunos e com as câmeras, inventando processos mnemônicos, criando performances e outras estratégias de fixação de conteúdo que impressionavam não apenas os que aprendiam com suas técnicas, mas também outros mestres experientes, como o próprio Renato Saraiva, que passou a chamá-la de diamante do CERS. Mesmo que, no geral, os alunos respeitassem a privacidade e os espaços dos professores, o assédio era inevitável, pois eles passaram a ser encarados como verdadeiras estrelas do mundo online. Saber lidar com essa singularidade e evitar o deslumbramento foi um desafio para todos eles.

"Os professores precisam ficar antenados para sempre atualizar o aluno com as informações mais recentes e qualificadas, prendendo-o ao vídeo e fazendo-o entender a mensagem. Para atender a essa necessidade tem professor que faz até aula de teatro! O objetivo é passar emoção, se aproximar do aluno, conseguir compactar a maior quantidade de informações e passá-las de maneira didática, com uma linguagem fácil. Aquela imagem estereotipada do professor desvalorizado, com baixo salário e marginalizado, tão presente na cultura brasileira, foi substituída por uma realidade bem diferente, dando lugar a um cenário onde esses mestres são reconhecidos e valorizados pelo conhecimento que carregam, além de ser remunerados com justiça pelo trabalho que exercem. Isso gerou um *buzz* no mercado da educação. Os professores especializados em concursos ficaram todos loucos para vir dar aulas aqui no CERS." (Jefferson Cruz, atual sócio) ■

"Hoje eu gravo conversando com o público, e se meu diretor mandar gravar olhando de frente para a câmera eu vou gravar. Consigo interagir com até cinco câmeras! Mas isso só se aprende com a rotina de gravações, fazendo todos os dias! Cada professor, ao seu estilo, começou a criar mecanismos de conversar com o aluno. Quando falamos de cursos online, é muito importante criar uma proximidade com o aluno e fazer com que ele se identifique com você. A Flávia Bahia criou a 'cocadinha', que é uma marca registrada. Matheus Carvalho é um amor de pessoa, mas faz um personagem ogro, meio Shrek. Essa é a forma que eles encontraram de atrair e prender a atenção do aluno. Foi aí que surgiu na minha aula o apelido 'PLGG' (professorzinho lindo glub glub)." (Geovane Moraes, professor) ■

O número de seguidores dos professores do CERS nas mídias sociais chega a impressionar os perfis mais populares da internet. Alguns deles estão na marca de 700 mil fãs. Os alunos sabem onde eles moram, conhecem as pessoas com quem convivem, sabem das viagens que fazem, e o ponto mais crítico e importante é que eles se espelham nos mestres na forma de encarar a vida, aumentando ainda mais a responsabilidade dessas figuras públicas.

APP VAMOS JUNTOS – Posicione aqui o leitor do aplicativo e assista a um trecho da entrevista com Geovane Moraes em que ele descreve o curioso e engraçado encontro com uma aluna dos seus cursos online em um restaurante.

CONTROLE ORÇAMENTÁRIO

Com o aumento no número de alunos, na quantidade de estúdios e na variedade de professores, era preciso saber controlar o fluxo de caixa. O CERS ainda se configurava como uma empresa de pequeno porte, não tinha investidores externos e o aparelhamento da estrutura custava muito caro. Os profissionais prezavam por sempre adquirir a melhor tecnologia em produção, postagem e execução de vídeos, mas tudo dependia do equilíbrio nos investimentos. No final de 2010, a receita se apresentou positiva e o segundo ano de funcionamento do CERS fechou com crescimento de 900%, mas faltava maturidade administrativa.

"De início, com a rápida entrada do dinheiro e sem um setor financeiro estruturado, nós olhávamos o que entrava na conta, gastávamos com o que queríamos e ficávamos com o que sobrasse." (Renato Saraiva) ■

"Nós não tirávamos o dinheiro para gastar conosco e com as nossas famílias. Sabíamos que era necessário economizar para gastar estrategicamente no que fosse necessário para a empresa, mas ainda faltava muito para afirmarmos que tínhamos controle total sobre a entrada e a saída de recursos." (Michele Saraiva, esposa) ■

"Nós éramos muito amadores em algumas coisas. Tudo era muito intuitivo. Apertar o botão e gravar as aulas era muito fácil. Difícil era gerir pessoas, administrar orçamentos e fazer a estrutura funcionar. E aí, nessa fase, foi preciso pedir ajuda a consultores, profissionais experientes. Tivemos brigas homéricas porque muitas vezes não aceitávamos as opiniões externas, as planilhas, os moldes, as exigências, os sistemas, os processos. Era difícil aceitar que estávamos fazendo o nosso trabalho do jeito errado." (Jefferson Cruz, atual sócio) ■

"Renato tem um perfil democrático. Ele compartilha preocupações. Ele partilha ideias, mas se responsabiliza pelas decisões. De início, pode até resistir em receber uma crítica, mas tem humildade e flexibilidade para ouvir as pessoas e essa é uma das suas principais características, a possibilidade de se mudar e se adaptar muito facilmente, feito água. Considero que empreendedores e empresários em geral têm que ter essa postura, pois o mercado muda muito e se você não está disposto a negociar ou abrir mão de velhas certezas, a concorrência engole tudo o que foi construído, não importa a quantidade de suor derramado nem por quanto tempo. A maioria dos empresários que eu conheço tem convicções firmes, fortes e difíceis de mudar. Essas pessoas enfrentam qualquer problema com o mesmo tipo de pensamento. Já o Renato se reinventa, se renova, escuta pessoas diferentes, passa a acreditar em coisas díspares, sem medo. A cada seis meses vislumbramos um novo Renato, que compartilha e pergunta bastante, e não pensa em fazer nada sozinho, do jeito dele, para receber todos os louros e lucros. Por isso, em determinado momento, quando ele sentiu que estava perdendo o controle das coisas, optou por parar e admitir que ainda não estava fazendo do jeito certo. Era necessário se profissionalizar." (Guilherme Saraiva, filho) ■

PROCESSO DE PROFISSIONALIZAÇÃO

Profissionalização é uma palavra dolorosa. Primeiro porque é preciso admitir que não se é profissional, depois porque é preciso investir e crescer. Isso dói no bolso e na estrutura. Com uma equipe com faixa etária predominantemente entre 18 e 30 anos tinha-se uma enxurrada de boas ideias, executadas de forma desordenada e intuitiva, mas que vinham resultando em gráficos surpreendentes de crescimento. Em 2011, mais um estúdio foi construído, dessa vez em Curitiba, para atender ao volume de aulas para a OAB com as gravações das professoras Aryanna e Joseani Minardi, que conduziam grandes turmas, com energia e empenho admiráveis. Ou seja, o crescimento batia à porta, as equipes ganhavam volume em ritmo frenético, e era gritante a necessidade de aperfeiçoamento. Então o CERS passou a voltar os olhos para dois pontos relevantes: desenvolvimento de pessoas e foco no cliente.

Renato e Michele sempre acreditaram que criando um ambiente favorável ao crescimento não apenas profissional, mas também pessoal, dos seus colaboradores teriam resultados muito mais efetivos e duradouros. Esse investimento é perene e vem sendo resgatado ano após ano. O princípio é que, assim como Renato teve a oportunidade de um dia mudar sua realidade, existe um desejo constante de dar uma segunda chance para aqueles que se mostram interessados em fazer a diferença e se doam ao trabalho. Os eletricistas que trabalharam na obra e depois foram convocados a operar câmeras aprenderam uma função técnica com reconhecimento no mercado e com a possibilidade de executá-la em outros campos. Eles continuam crescendo e desenvolvendo novas habilidades, sendo assim incluídos socialmente, e criando melhores expectativas quanto aos seus sonhos de vida. Esses colaboradores vestiram a camisa do CERS e injetaram em seu DNA uma grande admiração pela empresa.

> "Uma coisa interessante no meu pai é que ele nunca vai te olhar de cima para baixo por causa da sua pouca idade ou falta de experiência. Ele tenta sempre olhar o que a pessoa tem de melhor e suas mais excepcionais habilidades." (Guilherme Saraiva, filho) ■

A presença de Michele nessa fase de investimento no humano foi mais forte do que nunca. Nota-se isso não apenas nos relatos de Renato, mas também no sentimento exposto por todos os entrevistados neste livro e na memória afetiva dos colaboradores. Ela se empenhou fortemente na estruturação de um Departamento de Pessoal realmente focado nas pessoas, em seus sentimentos, desejos, satisfações e insatisfações. Criou uma rede de benefícios para multinacional nenhuma colocar defeito e costumava tratar pessoalmente de cada caso, cada problema e cada dificuldade levada até ela, mostrando que a máxima de que "por trás de todo grande homem existe uma grande mulher" é completamente válida na relação do casal, que alcançou de mãos dadas cada uma das vitórias do CERS. Com trabalho duro e algum tempo para enraizar esses princípios na cultura da empresa, era nítido que eles haviam conseguido montar uma equipe sólida e unida.

Contudo, a engrenagem precisava de mais do que isso para girar. Para entender quais eram os principais *gaps*, era preciso dar a palavra ao cliente. Assim, o time do CERS criou robustos canais de diálogo com os alunos para ouvi-los e atender aos seus anseios. Os alunos recebiam atenção, e suas queixas e suas sugestões eram rapidamente respondidas. Assim, as falhas ainda ocultas começaram a aparecer, dando a todos a oportunidade de saná-las e tornar o processo ainda mais redondo. Foi uma mudança de postura e de visão, uma verdadeira reformulação interna. Parar, avaliar, aceitar e querer aprender a fazer melhor, a fazer diferente.

"Criamos um canal direto do aluno com o professor pela própria plataforma de aulas. A principal vantagem é que o aluno pode fazer perguntas sobre o conteúdo e ser atendido pelo professor em apenas 72 horas e isso nos aproxima bastante deles. Renato também faz questão de nunca perder o contato presencial. Um exemplo é o projeto Super UTI e os aulões de véspera para os concursos de carreiras jurídicas. Hoje eu estou muito seguro em afirmar que o aluno online tem muito mais proximidade com o professor do CERS do que ele teria em uma turma presencial. Para ter uma ideia, no período de preparação para a segunda fase da prova da OAB, eu e minha equipe respondemos a cerca de 2 mil mensagens por dia. Tem alunos no online que, com o passar do tempo, se tornaram meus amigos pessoais, com destaque para um deles que estudou comigo durante três anos para o concurso de delegado e e eu estive presencialmente na cerimônia em que ele tomou posse do cargo."
(Geovane Moraes, professor) ■

"Esse é um processo contínuo. Quando você pensa que não tem mais nada para aprender, que seu processo está perfeito, redondo, talvez essa seja a hora que você mais precisa se reinventar. É necessário se desafiar a todo momento. Ultrapassar suas próprias limitações para alcançar resultados cada vez melhores e metas cada vez mais altas." (Jefferson Cruz, atual sócio) ■

A INTERNET NO BRASIL

Com base nas colocações dos alunos, ficou claro para todos que grande parte dos problemas levantados pelos clientes estava ligada à instabilidade na rede de internet. Segundo estudo da Conferência das Nações Unidas sobre Comércio e Desenvolvimento (UNCTAD), da Organização das Nações Unidas (ONU), divulgado no país pelo Comitê Gestor da Internet, até outubro de 2011 o Brasil tinha a banda larga – fixa e móvel – mais cara do mundo, com custo muito acima do praticado em países emergentes e com economias menos desenvolvidas. Para ter uma ideia, o custo do mbps móvel estava em 51 dólares, enquanto no Quênia ficava em 4 dólares e na Turquia, 3 dólares. Na banda larga fixa brasileira, o custo do megabit estava estimado em 61 dólares.[2] Isso mostra que a internet e, em especial a banda larga, depende de uma infraestrutura moderna e confiável de telecomunicações que, no caso brasileiro, começou a ser implantada ao longo dos últimos vinte anos, com tímidos avanços se comparada a outros países. E não podemos falar em falta de verba. Entre 1998 e 2011, o Brasil atraiu investimentos privados de quase 400 bilhões de reais na infraestrutura e na oferta de novos acessos de telefonia móvel e fixa, banda larga fixa e TV por assinatura. Assim, em menos de duas décadas o número de acessos móveis no Brasil saltou de 5,2

---

[2] Disponível em: <http://www.portaldoconsumidor.gov.br/noticia_imprimir.asp?noticia=19897>. Acesso em: 10 jun. 2016.

milhões para 283,5 milhões em abril de 2015. Quando falávamos de rede wi-fi em 2011, o alcance só era amplo e concentrado nos estados de São Paulo, Rio de Janeiro, Paraná, Rio Grande do Sul, Minas Gerais e no Distrito Federal.

Dados colhidos no terceiro trimestre de 2014 em atualização do "State of the Internet", pesquisa periódica da Akamai que avalia a infraestrutura da internet em mais de 200 países, mostram que o Brasil continua "engatinhando" quando o assunto é velocidade de acesso. Somente em 0,5% das conexões no país há largura de banda suficiente para *streaming* em 4K. Uruguai, Argentina e Chile estão em situação ligeiramente melhor na América Latina: 2,2%, 1% e 0,8% de suas conexões, respectivamente, podem receber conteúdo com a referida resolução de maneira adequada. Nos Estados Unidos, esse número é de 19%.[3]

Essa falta de estrutura, aliada à realidade vivida pelo CERS, que disponibilizava cerca de 50 aulas diariamente, além das transmissões ao vivo e um alto acesso ao site, resultava na queda do servidor de internet. O problema se agravava em períodos de prova da OAB, quando era disponibilizado o gabarito extraoficial da prova, mesmo antes de a banca organizadora publicá-lo.

"Passamos dois anos sem saber como lidar com as quedas no site por causa do grande fluxo de acesso nos dias das provas do Exame de Ordem. E não era um problema só nosso! O Brasil tem uma estrutura de rede deficitária. Ficava nítido o movimento de queda

[3] Disponível em: <https://tecnoblog.net/172493/akamai-brasil-internet-4k/>. Acesso em: 10 jun. 2016.

> em onda que se criava em dias assim. O primeiro site a ser derrubado era o da banca organizadora, então todo mundo corria para o site do Conselho Federal da OAB. Em poucos minutos o site do Conselho também saía do ar e os acessos ao nosso portal começavam a crescer exponencialmente. Poucos minutos depois quem caía éramos nós. Ficávamos desesperados, mas confesso que era um problema bom de lidar. Você saber que o seu portal foi derrubado por um grande fluxo de pessoas que buscam lá suas soluções; nem todos têm esse privilégio." (Maurício Gieseler, advogado e blogueiro) ▪

Até então, quem mantinha e gerenciava a estrutura do site era uma empresa de tecnologia prestadora de serviço, com horários e demandas próprias, que não conseguia dar assistência em volume e velocidade necessários para o CERS. Jefferson, apesar de ser um amante da tecnologia, entendia de audiovisual, mas não de internet e e-commerce, e a empresa não tinha uma equipe de *nerds* da computação. Era difícil tomar decisões sobre algo de que ninguém tinha domínio. A situação estava ficando caótica. Foi preciso reconhecer o *gap* e buscar no mercado pessoas estratégicas que soubessem gerir aquele problema e solucioná-lo da melhor forma. Jefferson liderou essa busca e se deparou com a triste realidade de encontrar poucos bons profissionais e empresas no Brasil, que soubessem solucionar ao mesmo tempo o problema de vendas no e-commerce e a transferência de dados em vídeos.

"As transmissões ao vivo do CERS tinham três horas ou mais de duração. Os vídeos eram verdadeiros Titanics, maiores que muitos filmes e muitas séries de televisão." (Jefferson Cruz, atual sócio) ■

O encontro do CERS com a Exceda mudou definitivamente esse cenário, uma vez que um dos serviços oferecidos é um canal de entrega dinâmico e escalável para mídias como música, filmes e jogos sem a necessidade de ampliar ou manter infraestrutura própria de transmissão. Com uma plataforma dedicada e globalmente distribuída a ferramenta considera as constantes mudanças das condições da internet e evita áreas problemáticas, enviando o conteúdo através de rotas mais rápidas e confiáveis, visando a redução dos tempos de entrega e a melhoria no desempenho dos vídeos. A armazenagem de imagens e vídeos é feita por um canal norte-americano que fornece a estrutura interna de sites de grande porte, como Facebook, Twitter, MySpace, Amazon.com, Yahoo!, Netflix, o site da empresa de softwares Adobe Systems, da emissora de notícias BBC e da liga norte-americana de basquete NBA. A empresa também serve como monitora global de tráfego de dados e distribuidora de tecnologias para vídeos em *streaming*. Apenas essa tecnologia conseguiu abarcar todo o tráfego de conteúdo gerado diariamente pelo CERS. Enfim, fornecedores de peso para um serviço de peso. Os alunos se beneficiaram e começaram a perceber a diferença na qualidade técnica das aulas.

> "Nós fizemos um "NetFlix da educação" antes mesmo do Netflix se popularizar no Brasil. Qualquer outro empreendedor escolheria um sistema de transmissão de vídeos muito mais barato. Mas o sistema que temos hoje faz uma diferença enorme para os alunos, temos o contato e o suporte direto de uma equipe internacional. Tudo muito moderno, muito grande, o que existe de melhor. Foi assim que conseguimos democratizar a Educação. O custo é muito alto, mas vale a pena quando pensamos que estamos oferecendo a melhor plataforma para o aluno. Hoje ele vai assistir às nossas aulas e, tendo qualquer problema, pode ligar, enviar mensagem, e será atendido." (Renato Saraiva) ■

Manter e melhorar ainda mais esse padrão era imprescindível. Para isso, Renato entendeu ser de extrema relevância montar uma equipe interna de engenheiros da computação, um modelo caro e arriscado, uma vez que a oferta de profissionais era escassa e o mercado exigia altos salários para esses cargos, mas que traria como benefício equipes completamente focadas na agilidade e na qualidade das entregas. A experiência desse padrão já havia sido bem-sucedida com equipes como o Marketing, que a essa altura já contava com a estrutura *indoor* de uma verdadeira agência de publicidade e comunicação, o Audiovisual, dividido entre produção de vídeo e estúdios de gravação, além dos núcleos pedagógico, financeiro, administrativo e de atendimento ao cliente, todos eles muito completos e com boa distribuição de papéis e cargos.

"Terceirizar nunca foi uma prioridade para o Renato. Ele prefere ter a execução das atividades sob controle, minimizando a incidência de fatores externos. Assim, ele sempre conseguiu montar times diferenciados de profissionais, com destaque nessa época para a equipe de Tecnologia da Informação, que acabava de se formar e estava dedicada ao objetivo de fornecer todo o apoio e independência possíveis para o CERS. Hoje temos um quadro que pode ser comparado a uma fábrica de software de alta qualidade." (Jefferson Cruz, atual sócio) ■

"Na internet, cinco minutos são um ano, cinco dias, uma eternidade, e em cinco anos tudo mudou completamente. Portanto, o CERS não é uma empresa que mantém as pessoas em uma zona de conforto, estamos sempre pensando em qual será o próximo passo para sair na frente. Repito com frequência para os meus gestores que o ritmo do negócio precisa ser mantido e o nosso ritmo é bem acelerado. Qualidade é essencial, mas eu prefiro uma entrega "mais ou menos" e tempestiva a uma entrega perfeita, mas intempestiva. O CERS é um local de insatisfeitos. Eu estou sempre insatisfeito." (Renato Saraiva) ■

Com uma estrutura tecnológica inigualável e a velocidade de entrega alinhada com os objetivos da empresa, o CERS cresceu de maneira que surpreendeu até os mais otimistas, fechando o ano de 2011 com um crescimento de mais de 150% e inaugurando, no ano seguinte, mais uma filial, desta vez em Brasília.

#capítulo5

VAMOS JUNTOS! A ARTE DE COMPARTILHAR COM TRANSPARÊNCIA E EQUILÍBRIO

Cada empresa tem uma identidade que a diferencia das demais. Essa marca fica exposta nos princípios e nas diretrizes organizacionais, que precisam estar alicerçados em valores como honestidade, responsabilidade social, integridade, inovação, sustentabilidade, transparência, inteligência, inspiração, flexibilidade, entre outros. Esses padrões mais elevados de sucesso só são alcançados quando os superiores hierárquicos são líderes, os verdadeiros exemplos dessas normas e desses princípios para os trabalhadores da empresa. Essa é a base da filosofia "Vamos juntos".

#

Algo diferente unia todas as pontas desse próspero negócio. Colaboradores dedicados, corpo docente qualificado, estrutura técnica de ponta e alunos satisfeitos eram fruto de um elemento que se destacava nesse meio, uma característica que sempre diferenciou Renato dos demais empreendedores: a transparência. Seu inabalável compromisso com a verdade trouxe para perto pessoas que se dispuseram a doar tempo e energia para o objetivo de fazer a empresa progredir, não apenas nos três primeiros anos de funcionamento, mas em todos os anos que se seguiram. A filosofia "Vamos juntos", jargão repetido por Renato nos corredores da empresa, nos e-mails de definição de estratégias, nas reuniões de alinhamento, em aulas e eventos presenciais, tornou-se parte fundamental do funcionamento do CERS, a essência, o coração da organização.

"Meu pai tem a convicção de que é melhor ganhar junto do que não ganhar. Não pensar assim é um dos maiores pecados de outros empreendedores, que tentam ganhar demais em cima dos outros e não compartilhar o sucesso e os lucros. No início, o 'Vamos juntos' significava que ele era um professor que entendia as necessidades dos demais professores. Isso se refletiu também nos colaboradores, nos alunos e, posteriormente, na entrada de novos sócios, quando ele abriu mão de um percentual que poderia continuar recebendo pelas cotas da empresa para se associar a pessoas que ele acreditava que fariam a diferença. Todo projeto que ele monta é sempre em parceria com alguém, sempre pensando em fazer junto e ganhar junto. Você sente essa energia em toda reunião em que ele está presente. É impossível sair de uma negociação com Renato Saraiva achando que você vai se dar mal. Ele aposta que se todo mundo fizer certo, todo mundo ganha junto. Porque quando você propõe esse benefício ao outro, você também está atribuindo responsabilidades. A filosofia é esta: abrir mão da sua parte e dividir os benefícios pensando no resultado em longo prazo. Para isso, você precisa de pessoas de confiança, e para ter pessoas de confiança é preciso conquistá-las. Dar, cobrar e receber. No caso do CERS, o resultado foi ganhar mais e ficar maior, sendo justo com os outros. Quase ninguém tem essa paciência e sagacidade. Ele cumpre a própria filosofia, vai junto com todos mesmo, no 'chão de fábrica'. Esse é o DNA dele. Esse é o DNA do CERS: vontade, gana, empatia e fazer todos crescerem juntos."

(Guilherme Saraiva, filho) ■

"Para mim, esse é um dos maiores motivos para o sucesso do CERS, porque a responsabilidade que Renato entrega na mão do professor faz com que ele trabalhe a mil por hora e cobre o melhor de si mesmo. Esses mestres precisam estudar muito, se cuidar, falar bem e levar tudo isso muito a sério. Os concorrentes podem até tentar fazer uma estrutura física igual, montar estúdio com câmeras e tecnologia de ponta, essa tecnologia já se popularizou, mas as verdadeiras estrelas estão aqui e dificilmente outro curso vai ter a coragem de comprometer o seu orçamento e o seu lucro remunerando os professores da mesma forma que o CERS. Esse estímulo faz com que eles trabalhem felizes e é esse sentimento que os alunos acabam sentindo, mesmo estando a quilômetros de distância." (Jefferson Cruz, atual sócio) ▪

Com uma personalidade efusiva, Renato adora falar de números, não se intimida em comentar sobre o faturamento da empresa e abrir os "segredos" do CERS para todos. É a transparência em seu nível mais elevado e mais questionável. Ele, por vezes, é criticado por abrir dados confidenciais sem cerimônias. No entanto, fica claro que essa atitude faz parte da confiança adquirida por Renato durante os primeiros sete anos de funcionamento da organização.

"Não importa o que você diga para os outros, não tenha medo de ser copiado. Ideias são fáceis de ser criadas, encontradas, ouvidas, o difícil é alguém que coloque em prática, que aja efetivamente. Na vida, esperto não é quem tem a ideia, mas sim aquele que tem coragem de executá-la. O CERS está grande demais, são muitos anos de caminhada para chegar ao modelo que temos hoje. Qualquer empresário que tentar construir um curso online atualmente estará sete anos atrasado em relação ao CERS. Então nós falamos mesmo, abrimos o jogo de tudo o que acontece aqui dentro. Se pudermos ser referência para alguém tomar decisões e realizar coisas importantes, estamos felizes". (Renato Saraiva) ■

Carregando esse sentimento e essa filosofia, colaboradores, diretores e fornecedores trabalharam em conjunto para que, no final de 2013, mais duas filiais fossem abertas, desta vez nas cidades de Ribeirão Preto e Vinhedo, ambas no interior do estado de São Paulo.

UMA CARTA NA MANGA

Nesse momento do CERS, Renato poderia se acomodar. Tanta confiança, tanto êxito, tanto retorno deixaria qualquer um seguro de que tem uma fórmula pronta para o sucesso. No entanto, satisfação é um sentimento que não cabe no vocabulário de um empreendedor como este que aqui descrevemos. Ele repete: nunca está satisfeito. Sabia que podia estruturar melhor a empresa, que ainda carregava uma cultura muito familiar. Chegaria um momento em que não poderia mais fazer o papel de pai, compreensivo e caloroso, que se envolve em todos os pequenos e grandes assuntos dos colaboradores e setores. Era preciso agora uma visão externa, alguém que chegasse para dar ideias com uma perspectiva muito mais profissional. Imediatamente lembrou-se do antigo empregador, que acabara de se desfazer da sociedade do preparatório presencial para concursos mais famoso da Bahia, o amigo Francisco Salles.

"Francisco havia vendido o JusPodivm para o Luiz Flávio Gomes e tinha uma quarentena a cumprir, mas depois disso estaria livre. Ele nunca mentiu para mim que tinha a intenção de migrar para o online. Com a venda do curso, ele estava capitalizado e, além disso, conhecia a área e o mercado, entendia da gestão administrativa/financeira, tinha muitos contatos, muitas amizades importantes e um relacionamento maravilhoso com os professores. Nós também éramos amigos, eu sempre tive muito respeito e carinho por ele. Assim, me parecia um concorrente bem complicado. Então, cheguei à conclusão de que era melhor tê-lo perto de mim do que concorrer com ele, e o convidei para ser meu sócio antes que ele iniciasse a abertura do seu próprio curso online. Muita coisa importante aconteceu a partir daí."
(Renato Saraiva) ■

Com personalidades opostas, Renato e Francisco passaram uma fase de adaptação conturbada. O primeiro, carioca agitado e imediatista, queria ver ideias inovadoras andarem com velocidade. Já o segundo, em ritmo baiano, preferia analisar custos, benefícios, prazos e dados e manter a cautela em novos investimentos. Contudo, tinham algo em comum: eram verdadeiras águias nos negócios. Juntos, tinham tudo para ser imbatíveis. Assim, passadas as divergências iniciais, perceberam que, na verdade, faziam o equilíbrio perfeito, uma vez que já haviam vivido as mais diversas experiências de sociedade. Francisco, um empresário muito analítico, voltou o olhar para o humano. Já Renato, puro coração e sentimento, passou a ser mais crítico em relação aos resultados de suas ações. O desconforto inicial de ter sempre alguém indo de encontro ao seu *modo operandis* com o tempo deu lugar à certeza de que aquela dupla só poderia dar certo. E deu.

> "Eu diria que eu preciso muito dele e ele precisa muito de mim e, juntos, caminhamos de maneira bem equilibrada." (Renato Saraiva) ■

Francisco sabia que o CERS vinha em um crescimento exponencial, mas não tinha ideia de como funcionava internamente. Renato o levou para conhecer a estrutura e ele ficou encantado com a quantidade de tecnologia envolvida, impressionou-se com os estúdios padrão televisão, com o volume de aulas gravadas diariamente e, sobretudo, com a dinamicidade do negócio. Salas cheias, colaboradores inspirados, sorridentes e dedicados. Isso fez com que Francisco enxergasse que teria um longo caminho pela frente se realmente optasse por não assinar a sociedade e começar a construir seu império do zero. Assim, firmou o contrato e ambos passaram a dividir estratégias, compartilhar ideias e fazer juntos as coisas acontecerem.

QG DO ENEM

Os acontecimentos se atropelavam em boas-novas e, também nesse ínterim, o CERS inaugurou um novo projeto pioneiro: o QG do Enem, um preparatório online para o Exame Nacional do Ensino Médio. Ele começou a ser idealizado quando Renato Saraiva, navegando pela internet, pesquisou e resolveu comprar o domínio www.enem.com.br, que pertencia a uma pessoa física desconhecida. Entre uma proposta e outra, a negociação girou em torno de 40 mil reais. Entretanto, ter o domínio não significava nada sem estudo de mercado, sem conteúdo e sem um projeto para tocar. Teve início então a etapa de desenhar os possíveis serviços que ali seriam oferecidos. Não dava para fugir do óbvio. O modelo do CERS Cursos Online já dava muito certo, agora era adaptá-lo para o padrão de aprendizagem dos adolescentes. Com pesquisas e a contratação de novos profissionais, chegou-se a um protótipo, composto por videoaulas, simulados, planos de estudo e transmissões ao vivo, com tira-dúvidas, tudo em uma linguagem coloquial e acessível, própria para o público jovem.

A contratação dos professores foi um desafio, afinal, desta vez, não se falava sobre a área jurídica, e sim sobre conhecimentos próprios do Ensino Médio. Depois de uma parceria frustrada com uma grande rede de comunicação, Renato foi procurado pelo Eleva Educação, uma iniciativa do Grupo Gera, fundo de investimento pertencente ao empresário Jorge Paulo Lemman, que formou uma das maiores redes de escolas privadas do país, que dispõe de uma plataforma pronta de ensino, com 65 mil alunos, 1.500 professores e mais de mil turmas formadas. Fechada essa parceria de peso, o QG do Enem iniciou suas atividades em caráter experimental no final de 2013 e rodou para valer em 2014.

Para espalhar a boa-nova e disseminar a marca, a estratégia foi trazer o público-alvo para perto e mantê-lo engajado nesse objetivo. Assim, foram nomeados alunos interessados em bolsas de estudo para assumirem o posto de embaixadores da marca, fazendo a divulgação dos cursos entre os círculos de amigos e nas redes sociais. Mesmo dialogando com uma geração que nasceu com os olhos grudados na evolução tecnológica, a disciplina exigida pela metodologia online parecia ser uma barreira, pois pedia um compromisso muitas vezes negligenciado pelos mais jovens.

"Esperávamos do QG do Enem o mesmo sucesso meteórico do CERS e nos frustramos, porque não foi bem assim. Os alunos da faixa etária entre 16 e 20 anos exigem uma didática completamente diferente daquela com que estávamos acostumados a lidar. A grande sacada para começar de fato a fazer a diferença foi quando passamos a encarar esse nicho realmente como um novo negócio e passamos a dissociá-lo do CERS, deixando de copiar o modelo que conhecíamos para adotar um padrão completamente diferente, voltado especificamente para os jovens. Levamos muita porrada, mas identificamos a tempo essa necessidade e tivemos a oportunidade de nos reinventar, contratando gestores especializados nessa área". (Renato Saraiva) ■

Cronogramas de estudo bem definidos, mastigados mesmo, além de um acompanhamento constante do desempenho do aluno, foram os diferenciais oferecidos para o QG do Enem se destacar no setor. Demoraram alguns meses para enxergar uma evolução considerável nos gráficos, mas depois de passado o período de adaptação, as turmas finalmente se encheram de interessados. Era apenas o início de uma sequência de novidades.

PORTAL CARREIRA JURÍDICA

Francisco, que a princípio havia sido apresentado para a equipe como um consultor externo, reuniu-se com líderes estratégicos para entender como funcionava a operação e os processos do CERS. Encontrou lições extraordinárias, mas também enxergou muitas possibilidades de melhoria. Quando foi anunciado oficialmente como diretor, em janeiro de 2014, tinha objetivos muito claros: ser o principal braço da controladoria, estruturar o setor financeiro, ampliar o mercado, fortalecer a marca e criar produtos segmentados para um público em busca de grandes carreiras jurídicas, como magistratura, promotoria, procuradoria e advocacia pública. Para concretizar este último projeto, idealizou o Portal Carreira Jurídica (PCJ), um site focado no novo público. Renato e Francisco sabiam que era preciso um diferencial para conquistar esse mercado, por se tratar de uma audiência muito mais exigente e qualitativa. A estratégia, então, foi manter e potencializar ao máximo o que o CERS já fazia para os demais cursos: buscar os melhores professores do mercado.

Quando se falava nos melhores, não havia dúvida de que boa parte desses professores ministrava aulas em outros cursinhos de sucesso. Uma manobra agressiva se fazia necessária, mas não seria fácil convencer esses profissionais a abrir mão do que já estava dando certo. Assim, Francisco propôs um trabalho por meio do qual teriam a oportunidade de inovar, criar produtos e ousar com diferentes padrões de cursos. Alguns resistiram, outros cederam e toparam fazer parte do projeto, que foi lançado em junho do mesmo ano, com direito a transmissão ao vivo e palestra dos novos professores sobre assuntos jurídicos "quentes". O corpo docente naquele momento recebia o promotor de Justiça de São Paulo, Rogério Sanches, o promotor da Justiça Militar da União em São Paulo, Renato Brasileiro, o promotor de Justiça do Ministério Público do Estado da Bahia, Cristiano Chaves, e o procurador Regional da República, Robério Nunes.

Posteriormente, passou também a compor o corpo docente o hoje governador do Mato Grosso e na época senador, Pedro Taques. Ele foi um dos senadores que, em 2014, integrou a Comissão Especial responsável pela análise do substitutivo e pela formatação do texto final do Novo Código de Processo Civil, aprovado no Senado. Esse tipo de aproximação com a legislação e a forma de operá-la tornava as aulas do CERS ainda mais ricas, uma vez que a comunicação entre aluno e professor atingia o mais alto nível de produtividade e qualidade.

Com o modelo de participação nos lucros implantado por Renato para a contratação dos docentes, alguns dos professores do CERS chegavam a receber 1,5 milhão de reais por ano, garantindo a mais alta remuneração do mercado para a classe.

O Portal Carreira Jurídica impactou o público concurseiro. Com o slogan "O sonho é real", ganhou a identificação imediata dos potenciais clientes, que sentiam a carência de cursos online voltados para profissionais do Direito interessados não apenas em aprovação em concursos públicos, mas em boas chances de aperfeiçoamento, com grandes mestres, atuantes na área e com preciosos ensinamentos práticos.

APP VAMOS JUNTOS – Posicione aqui o leitor do aplicativo e assista a um trecho da entrevista com Francisco Salles em que ele fala sobre o sucesso do lançamento do Portal Carreira Jurídica.

Desenhava-se nesse cenário o resultado de uma união bem amarrada, entre dois empreendedores complementares que dividiam responsabilidades na construção e na criação de ideias, na realização de ações concretas e decisivas, além do controle orçamentário sempre tão buscado pelo CERS.

ENSINO SUPERIOR E CONGRESSOS

Analisando os resultados dessa primeira ação com o PCJ, o desejo de Renato de montar finalmente um curso de pós-graduação estruturado, como quis desde os tempos em que coordenava a especialização presencial, antes mesmo do CERS, veio com a força de um trator. Havia chegado o momento. Os números pediam esse próximo passo. Não seria uma missão fácil, uma vez que o CERS não é uma Instituição de Educação Superior (IES) e, dessa forma, não poderia ter o curso aprovado pelo Ministério da Educação (MEC). Era necessário firmar mais uma parceria, desta vez com uma instituição certificadora, que pudesse validar os cursos oferecidos. Foram meses de busca, negociações, pesquisas e reuniões intermináveis com uma série de faculdades com autorização para ministrar cursos online. A que mostrou ter maior afinidade e melhores condições tecnológicas foi a Universidade Estácio de Sá, com uma plataforma já consolidada e polos presenciais para provas espalhados por todo o Brasil.

Antes de iniciar a divulgação, era necessário integrar as plataformas de aula para fazer com que os vídeos do CERS pudessem rodar na "webaula", área do aluno da Estácio. A equipe de TI recebeu um grande desafio, estudando a viabilidade de cada um dos passos a serem dados, sob comando de Jefferson e Francisco. Foram noites maldormidas, sonhos com números e programações. Uma nova equipe pedagógica foi contratada especialmente para cuidar dos detalhes dos cursos de especialização e, nesse caminho, os sócios perceberam que trabalhar com esses cursos também exigia uma dinâmica completamente diferente, com datas agendadas para as avaliações, acompanhamento da evolução do aluno e provas em polos presenciais. Tudo isso foi pensado e planejado com cuidado. Os ajustes finais foram dados no final de 2014, e as primeiras turmas de 2015 começaram a se formar. Nem mesmo a Estácio poderia imaginar tamanho sucesso, com turmas completamente cheias nos primeiros dias de inscrição.

Esse clima de novidade favoreceu também o surgimento de um novo projeto: os Congressos Jurídicos Online. O público do Direito, assim como o próprio Francisco com o seu trabalho na Múltipla, estavam acostumados com o modelo tradicional de congressos, em geral feitos presencialmente, com data e horário marcados. Com Renato Saraiva à frente, não dava para se conformar com o tradicional, era preciso inovar. O CERS então revolucionou essa experiência trazendo os dezenove maiores nomes da área jurídica para palestrar sobre as Ciências Criminais em um estúdio 360 graus, com transmissão ao vivo e a possibilidade de assistir à gravação posteriormente. A primeira edição atraiu quase 60 mil estudantes e profissionais interessados no assunto. Essa quantidade de operadores do Direito e aspirantes à carreira jurídica equivale ao estádio Mineirão lotado! Foram sessenta dias de muita agitação, planejamento e reuniões para fazer esse projeto grandioso se tornar realidade. Os oito Fóruns Temáticos nas semanas que antecederam os três dias principais de evento se somaram e totalizaram vinte horas de transmissão ao vivo! As páginas do site do congresso foram exibidas mais de 452 mil vezes. Pense bem: isso são mais visualizações do que a quantidade de pessoas presentes em Woodstock! São Paulo foi o estado que mais trouxe acesso para o evento, com 12% das sessões. Em seguida ficaram Bahia e Minas Gerais, com 11%. Rio de Janeiro e Pernambuco vieram logo em seguida, com 10% e 8%, respectivamente.

Nessa mesma ocasião, foi lançado o aplicativo CERS no Bolso, desenvolvido para funcionar como segunda tela e firmar o espaço do CERS no mundo *mobile*. Ele foi o grande responsável pela interatividade entre alunos e palestrantes durante o evento. Foram mais de 10 mil mensagens trocadas com os congressistas e mais de 5 mil retornos ao *quiz*, que trazia um jogo de perguntas e respostas sobre os principais temas debatidos. Estava traçada uma nova rota para o conhecimento, que extinguia definitivamente as barreiras geográficas e chegava a uma parcela nunca imaginada de estudantes e profissionais do Direito.

> "É preciso se reinventar o tempo todo, não se acomodar nunca e sempre buscar novas formas de evoluir e melhorar a qualidade do produto que você oferece ao cliente."
>
> (Renato Saraiva) ■

AMIGOS, AMIGOS; NEGÓCIO FAZ PARTE

Entre Renato Saraiva e aqueles que estão ao seu redor existe um incrível e explosivo vínculo que une amizade, empatia e lucros. Muitos acreditam ser impossível encontrar uma saudável interseção entre todas essas faces de uma relação, mas, surpreendentemente, o que se vê no CERS é uma harmonia quase perfeita entre todas elas.

"O CERS cria um ecossistema amigável e rentável em torno dele. Vez por outra brincamos dizendo que se formos olhar quem é sócio de quem aqui, precisaremos pegar um caderno de doze matérias para fazer o gráfico, porque todo mundo é sócio de alguém. Francisco é sócio da franquia de Salvador e também é diretor do CERS, tomando a frente da pós-graduação, que por sua vez é feita em parceria com a Estácio. Jefferson é diretor do CERS e Daniel Guedes é diretor da Franquia CERS Centro de Estudos, e ambos são sócios na Nova Microway. Francisco é sócio da Editora JusPodivm, que é parceira da Editora Armador, que tem como sócios eu, Maurício e Renato. A Faculdade Baiana certifica os Congressos do CERS e Francisco também é sócio de lá. Enfim, todo mundo está interligado, entendeu? Ou seja, o CERS, além de expandir, cria um ecossistema muito bem selecionado em torno dele, que gira entre amigos e parceiros, pessoas de bem, que querem trabalhar." (Geovane Moraes, sócio e professor) ■

Por toda a proximidade, o tratamento e a amizade, Jefferson nunca se sentiu um funcionário de Renato, mas sim um parceiro. Com a chegada de Francisco, foi necessário esclarecer e definir bem os papéis de cada um na empresa, seja de Michele, de Guilherme seja de Jefferson, uma vez que o percentual de participação nos lucros daquele velho amigo interferia diretamente no orçamento.

Para não deixar dúvidas, Renato então tomou a decisão acertada de convidar Jefferson para assumir oficialmente o papel que ele já exercia na prática, o de sócio e cofundador da empresa.

"Se você me perguntar 'Renato, você faz alguma sociedade, algum negócio, uma parceria com quem não tem seus princípios e valores?', eu respondo: 'Não'. Por mais dinheiro que eu vá ganhar, se essa pessoa não estiver alinhada com os meus princípios e os meus valores, não vai ser meu sócio, não vai ser meu parceiro. Aprendi essa lição muito importante. Antes de fechar qualquer negócio, qualquer parceria, qualquer sociedade, procuro investigar quem é a pessoa, o que ela já fez, a fama que ela tem. E se tiver qualquer coisa que contrarie meus princípios e valores eu prefiro não me associar, muitas vezes até perdendo dinheiro. Eu sou um cara muito direto, muito franco. Se eu não gostar de uma coisa eu falo, não sou de ficar arrodeando. Todo mundo sabe que comigo não tem sacanagem, não tem roubalheira, não vou passar ninguém para trás, não vou pisar em ninguém. Todo mundo procura pessoas assim para estar ao lado. Da mesma maneira, eu procuro essas pessoas, que têm exatamente esses mesmos princípios e valores. Talvez seja esse o meu segredo para fazer parcerias e sociedades de sucesso. (Renato Saraiva) ■

APP VAMOS JUNTOS – Posicione aqui o leitor do aplicativo e assista a um trecho da entrevista com Jefferson Cruz em que ele conta como se tornou sócio do CERS Cursos Online.

"Logo depois de assumir a sociedade com Renato, eu estava andando no metrô de São Paulo e vi um grande banner publicitário do CERS fixado na parede. Aquilo me encheu de orgulho e me trouxe uma sensação incrível. O cenário daquele metrô, especificamente, foi algo que me acompanhou a vida inteira, eu ralei muito trabalhando em São Paulo, estudando no caminho para o trabalho, pegando o transporte público todos os dias. De repente, eu me vejo naquele mesmo local, em frente à placa de uma empresa anunciante, e essa empresa era minha! Antes eu já pertencia ao CERS, mas ali, naquele novo momento, o negócio também era meu. Para mim foi uma surpresa, eu fui desavisado. Eu sabia que estávamos com uma campanha no ar. Mas eu não sabia que era naquele metrô." (Jefferson Cruz, sócio e cofundador do CERS) ■

APP VAMOS JUNTOS – Posicione aqui o leitor do aplicativo e assista a um trecho da entrevista com Renato Saraiva em que ele conta sua principal motivação para abrir sociedade com Jefferson Cruz.

Apesar de toda a informalidade do "jeito CERS" de fazer negócio, foi nesse exato momento, em que toda aquela rede de confiança era construída, que Renato percebeu a proporção que havia tomado sua empresa. Ele constatou que se tratava de uma enorme engrenagem que rodava estratégica e harmoniosamente, com método, disciplina e incorporação de valores importantes. E o melhor: ele era a grande fonte de energia, a grande máquina condutora dos processos. Tantos anos de sonhos estavam se concretizando e ganhando proporções inimagináveis.

Assim como dito pelo professor Geovane Moraes, para que seja possível entender essa rede complexa de empresas, sociedades e parcerias estabelecidas por Renato, só mesmo desenhando. O esquema a seguir representa os principais pontos de conexão da cadeia.

ECOSSISTEMA CERS CURSOS ONLINE

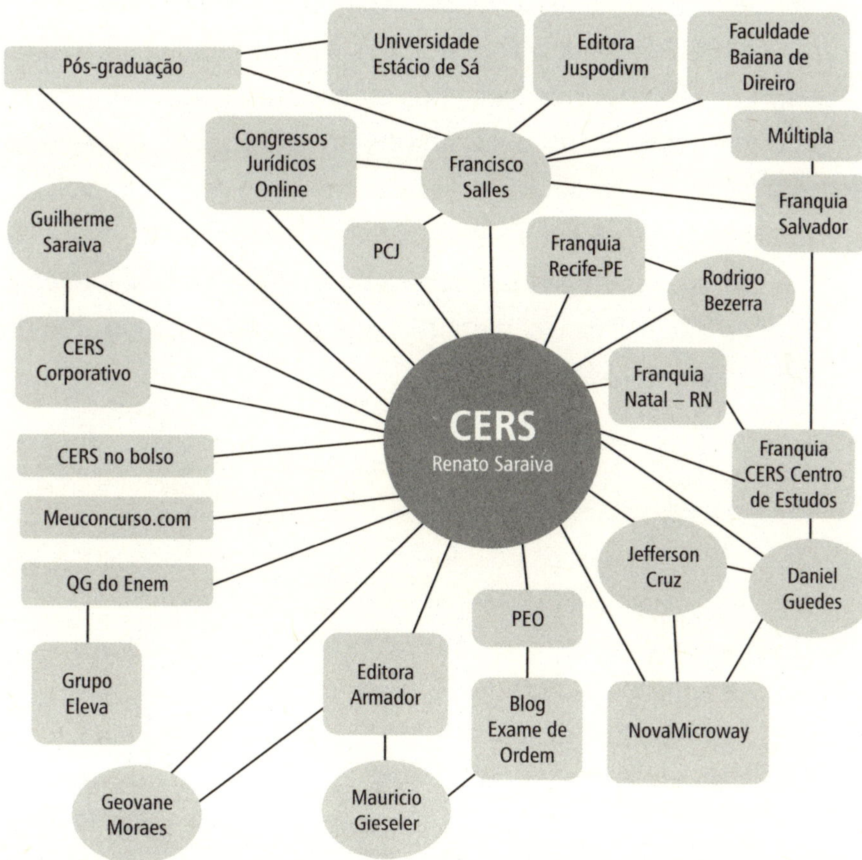

"Isso é um reflexo do modelo das empresas modernas. O Mark Zuckerberg não seria nada sem o ecossistema que gira em torno do Facebook. Assim foi com o Renato, que criou um relacionamento de confiança, como irmãos, com aqueles que estão com ele. A dificuldade nos aproximou muito. O crescimento, o sucesso, o dinheiro vieram como consequência." (Jefferson Cruz, atual sócio) ■

Enquanto alguns parceiros se tornavam parte essencial e integrante do CERS, Renato perdia braços e pernas com a decisão da esposa de seguir outros caminhos profissionais. Depois de estruturar com louvor todo o departamento de recursos humanos e deixar como marca da sua passagem uma equipe sólida, voltada para as necessidades e a satisfação dos colaboradores, agora ela estava focada em migrar para a área de nutrição e dar andamento ao sonho que precisou ser interrompido para que a construção do CERS fosse possível.

"O principal ponto para manter uma boa relação entre sócios, amigos ou marido e mulher é sempre a confiança e a sinceridade, além de saber separar as coisas. Mas, definitivamente, não é fácil. Nunca foi fácil separar meu casamento do trabalho. É muito complicado trabalhar junto com a esposa ou com o marido, porque você acaba fazendo da sua casa uma extensão da sua empresa. Esse fator contou muito na decisão de Michele em se afastar do CERS, ela nao queria desgastar nosso casamento. Além disso, estava mais do que na hora de ela dedicar tempo àquilo que sempre quis e deixar o CERS andar com as próprias pernas. Com os amigos é menos complicado, porque depois de qualquer conflito cada um vai para sua casa, viver sua vida, no dia seguinte já passou uma borracha." (Renato Saraiva) ■

EDITORA ARMADOR: RENATO AVANÇA NO MERCADO EDITORIAL

Geovane Moraes é um devorador de livros. Lê, relê, escreve, grifa, pega carona das letras e come vorazmente as palavras, como quem precisa delas para existir. O cheiro das páginas e a emoção trazida capítulo após capítulo sempre o fizeram desejar ter uma livraria. Dessas com estantes, prateleiras e escadas infinitas para subir. Estava decidido a transformar aquela vontade em realidade e, em 2013, durante um almoço com os amigos Maurício e Jefferson, no Rio de Janeiro, a proposta se apresentou na mesa. Diálogo curto, mas muito ânimo envolvido. Maurício: "Pô, eu queria começar um novo negócio". Geovane: "Eu também!". Jefferson: "Vamos juntos!". Eram os primeiros passos da Livraria Armador, que depois se transformou em uma editora de livros jurídicos para concursos e Exame de Ordem.

"Na época, tínhamos medo e não nos sentíamos capazes de começar com a responsabilidade de ser uma editora e, por isso, resolvemos abrir uma livraria online. Vendíamos os livros que os professores do CERS publicavam pela Editora JusPodivm e outras editoras.

> Cada um dos sócios contribuiu de uma forma. Jefferson tinha o conhecimento técnico, eu entrei na gestão do negócio, que é do que gosto, e Maurício com a rede para divulgação e marketing da livraria. Nós nos inspiramos no CERS e criamos um site. No entanto, no mercado online de livrarias, naquela época, só quem ganhava dinheiro era quem chegava, por exemplo, em uma grande editora e comprava 2 mil livros, com um bom desconto. Nós comprávamos vinte, trinta exemplares. Não conseguiríamos concorrer nunca no preço, por mais que o Maurício divulgasse, a gente não ia vender nunca!" (Geovane Moraes, professor) ■

Renato aconselhou os amigos a não investirem na área, pois acreditava que não teriam o retorno desejado, mesmo assim, ao perceber o empenho dos parceiros no novo negócio, abraçou a causa e tomou a iniciativa de fazer as campanhas de venda e divulgação da livraria pelos canais do CERS: propagandas, e-mail marketing, publicações nas redes sociais. Ele falava da livraria nos eventos em que estava presente e promovia ações de sorteios e descontos nos livros vendidos pelo site da Armador. Desse modo, fez com que a livraria fosse conhecida e reconhecida por todo o banco de alunos e seguidores do Complexo. Ainda assim, a capitalização não vinha e o primeiro ano terminou negativo. A opção foi mudar o modelo de negócio e transformá-lo em editora.

> "O grande desafio e a grande dificuldade de trabalhar na internet é que você precisa estar o tempo todo se renovando. A zona de conforto é muito complicada, principalmente no mundo digital. Você tem de estar sempre fazendo coisas novas, criando produtos diferenciados, para continuar fazendo sucesso. Então de vez em quando eu puxo a orelha deles, entendeu? Aperto um pouquinho." (Renato Saraiva) ▪

Os sócios percebiam uma carência no mercado editorial de um material especificamente voltado para quem se preparava para o Exame de Ordem da OAB. Maurício Gieseler, depois de anos conversando com esse público, entendia bem essa necessidade de livros fundamentados e bem estruturados, o melhor da doutrina, com foco no conteúdo das provas e na aprovação dos candidatos. Então, a primeira iniciativa foi publicar um vade-mécum[1] de Direito Penal para a segunda fase do Exame, escrito pelo professor Geovane. A proposta era inédita: atualizar o conteúdo do livro a cada três meses. Acabaram entrando em um nicho de mercado que não existia e que exigia ainda mais suor e dedicação.

[1] Vade-mécum é uma expressão em latim que significa "vai comigo". É o nome dado para um livro para referências, muito usado na área de ciências jurídicas, mas que também existe em outras áreas. A designação é dada porque se trata de um livro ou manual de uso prático, que os leitores podem consultar para esclarecer dúvidas. Nas ciências jurídicas, o vade-mécum é essencial para consultar as obras básicas, como a Constituição Federal, Código das Leis Trabalhistas e outros. O vade-mécum pode ser tanto genérico, trazendo diversos códigos e leis gerais, como pode ser especializado em uma única área do Direito.

"Eu sacrificava minhas noites, dormindo apenas duas horas, e os meus fins de semana. No dia 25 de dezembro de 2014, eu e minha equipe estávamos sentados revisando o vade-mécum. Eu tomei energético a noite inteira e nem comi para não dar sono. Era um livro de 2 mil páginas, com remissão do zero. Foi muito puxado. Tinha dias que eu acordava pedindo a Deus força para gravar minhas aulas. Mas eu não podia prejudicar o CERS por causa do outro projeto. Por isso eu digo, se você quer fazer algo dar certo, sacrifique-se. Não há outro caminho." (Geovane Moraes, professor) ■

Para viabilizar a produção e a comercialização dos livros era necessário um capital inicial de 100 mil reais. O único sócio com economias suficientes era Jefferson Cruz, que emprestou o dinheiro aos demais sem juros. Após o lançamento do primeiro vade-mécum, uma série de outros lançamentos foram editados, todos assinados pelos professores do CERS. Tomando como espelho a cultura do amigo Renato Saraiva, a política de remuneração dos autores obedeceu ao mesmo padrão de participação nos rendimentos, e a Armador passou a destinar 50% do lucro líquido aos seus escritores.

"Eu tinha aprendido com Renato que o que vale a pena ter, vale a pena dividir. Então, se eu acreditava nas pessoas que estavam confiando seus livros à minha editora, valia a pena dividir os lucros com elas. E assim foi." (Geovane Moraes, professor) ■

Com um produto próprio e pronto para ser comercializado, veio o desafio de comprovar para o público a qualidade e a segurança oferecidas pela Editora Armador. Passo 1: Convencer o cliente de que o produto atendia às necessidades dele. Passo 2: Convencê-lo a comprar online. Passo 3: Convencê-lo a cadastrar os dados do cartão de crédito no site da editora. Passo 4: Convencê-lo a esperar cinco dias para receber o livro. Tudo isso para que ele tivesse a certeza de que não receberia um tijolo no lugar do que se estava ofertando. Esse foi um trabalho de "formiguinha", que se resumiu em um ponto: excelência no atendimento, com canais de comunicação de fácil acesso e muita transparência na relação com o cliente. Os resultados não demoraram a aparecer. Com eles, uma reviravolta na estrutura societária.

Jefferson, muito ligado ao digital, notou que não se identificava com o produto da Editora Armador. Nos livros de papel não havia código, elementos digitais, interativos e virtuais e toda a empolgação dele era alimentada por novidades nessa área. A linguagem da internet falou mais alto e, mesmo com o crescimento do negócio em mais de 5.000% em apenas dois anos, ele decidiu assumir outros projetos, deixando à venda sua fatia da sociedade na editora. Foi quando Renato Saraiva resolveu apostar suas fichas e comprou as cotas de Jefferson no final de 2015.

"Renato viu que o mercado editorial não se comportou da forma que todos esperavam. Falava-se muito no domínio dos livros digitais, que até se popularizaram, mas ninguém deixou de comprar livros impressos. Apesar de não ter apostado no sucesso do negócio, ele estava atento a esse comportamento, tanto que depois tranquilamente admitiu o erro e topou assumir o percentual de Jefferson na sociedade. Essa forma de reagir às situações o torna diferenciado, principalmente em um país como o nosso, em desenvolvimento, em que as mudanças são bruscas e constantes. A principal característica dele é a flexibilidade. Não se limitar às próprias crenças e aceitar mudar. Se ele estiver errado, ele não insiste que está certo, tranquilamente vai admitir que está errado ou que mudou de ideia, ou pedir desculpas e reconhecer que o outro estava certo. Essa é uma característica muito rara. Geralmente as pessoas depois de certa idade constroem uma personalidade e levam aquilo a ferro e fogo. Essa postura de aceitar a mudança é o que o faz ganhar muito mais do que perder." (Guilherme Saraiva) ■

APP VAMOS JUNTOS – Posicione aqui o leitor do aplicativo e assista a um trecho da entrevista com Geovane Moraes em que ele conta como recebeu a notícia de que Renato queria comprar a cota de Jefferson na sociedade da Armador.

"A partir do momento em que Renato resolveu se tornar sócio da Armador, ele deu uma chancela de qualidade ao trabalho que estávamos fazendo. Além disso, ele estava resolvendo o problema de três amigos: o problema de Jefferson, que estava em um lugar, mas queria estar em outro, e ajudando a mim e ao Maurício

a potencializar ainda mais o negócio. Porque uma coisa é você chegar para fechar negócio com três sócios sem muita experiência e outra coisa é negociar com Renato Saraiva na mesa. Todo mundo quer negociar com o CERS, entende? Então agora que ele é sócio da Armador, todo mundo quer negociar com a gente."
(Geovane Moraes, professor) ▪

Também seguindo o "Vamos juntos", Francisco tomou a iniciativa de sair de Salvador, pegar um avião para barganhar pessoalmente as tarifas da editora com o PagSeguro em São Paulo, a fim de conseguir os mesmos benefícios concedidos ao CERS, o que garantiu muitas vantagens de venda. Além disso, como um dos diretores da Editora JusPodivm, dedicou tempo precioso aconselhando os amigos sócios da Editora Armador sobre como manter a sustentabilidade do negócio.

A filosofia do CERS é como uma virose contagiante, vai passando de um para o outro, e todos vão compartilhando seus problemas, suas dificuldades, ajudando-se, conquistando espaços uns pelos outros, usando seus principais predicados para auxiliar os que estão ao redor. Assim, em conjunto, vão também se recuperando, trabalhando com afinco, dando o melhor de si para os demais e crescendo juntos. Como resultado, entre os anos de 2013 e 2015, a empresa, mesmo em tempos de crise, alcançou um crescimento de 20% no faturamento. Não tem uma só pessoa que não seja contagiada por esse movimento. Os que não se adaptam à cultura e trazem cargas negativas de outras experiências têm muita dificuldade em sobreviver ao ambiente, pois naturalmente não se encaixam e ficam pelo caminho. Renato teceu a rede ideal para uma empresa próspera, encadeando relações e parcerias saudáveis, o que resulta em negócios prósperos e inovadores.

#capítulo6

ESTILO DE VIDA SEU TEMPO, SUAS PRIORIDADES

Autoconhecimento é o principal alimento da inteligência emocional. Com ele, você consegue manter o controle de suas prioridades, reconhecer suas limitações e entender como lidar com aqueles que estão ao seu redor, em um processo profundo de empatia e autorresponsabilidade.

#

Um analfabeto emocional. Assim Renato se descreve ao se lembrar de quem era anos atrás. Um homem acelerado, com energia ilimitada para o trabalho (e pouca para cuidar de si mesmo) e um temperamento explosivo. Muitas vezes o estresse era compensado com grandes pratos de refeições calóricas, o que lhe rendeu alguns quilos a mais na balança, que já não eram difíceis de ganhar, com sua propensão a isso desde menino. Ele percebia que a rotina acelerada não estava lhe fazendo bem e muito menos aos que estavam ao redor, que precisavam de jogo de cintura para lidar com os rompantes de emoções, fossem elas positivas, fossem negativas. Os familiares, por toda a compreensão e todo o amor, sempre aguentaram os piores excessos. Não é de espantar, portanto, que o processo de mudança tenha também começado em casa.

A esposa, Michele, eterna admiradora da área de recursos humanos, sentia enorme prazer em cuidar de pessoas e deixá-las felizes. Apesar de reconhecer o grande trabalho que havia feito com os colaboradores do CERS e com o próprio Renato, ela sabia que a busca para compreender o outro é algo constante. E para compreender as pessoas, primeiramente é essencial conhecer a si mesmo. Foi nessa tentativa que passou a buscar conselhos e ajuda de profissionais de *coach* e *mentoring*, mergulhando profundamente em si mesma. Anos antes, havia sido apresentada ao Método C.I.S. (Coach Integral Sistêmico), aplicado pelo *master coach* Paulo Vieira. Passou a ouvir alguns CDs e assistir a DVDs do orientador, e sabia que um de seus grandes eventos presenciais estava prestes a acontecer em Fortaleza. Não teve dúvida, nos primeiros meses de 2015 inscreveu-se com o filho para participar do evento. Foram três dias de completa imersão e reprogramação de três fundamentos da mente: a Inteligência Emocional, as competências emocionais definidas pelo psicólogo e autor best-seller norte-americano Daniel Goleman e, por último, a programação de crenças existentes e a reprogramação de crenças traumáticas.

"Ela fez o curso com o Luiz Felipe e voltaram ambos nitidamente diferentes. Eu comecei a notar que aquilo mexeu profundamente com eles. Fiquei curioso sobre o método e pedi os CDs e os DVDs emprestados. Comecei a assistir ao primeiro, ao segundo, ao terceiro... Achei tudo incrível! Com todo o entusiasmo que Deus me deu, virei para a minha esposa e disse: 'Vou fazer esse curso. E mais: o Paulo Vieira vai ser meu parceiro. Vamos ter vários projetos juntos'. Obviamente ela me chamou de maluco (como sempre), e eu fiquei com mais vontade ainda de levar adiante. 'Deixa comigo! Você vai ver'." (Renato Saraiva) ■

Prontamente, Renato escreveu um e-mail para a equipe do Paulo Vieira para se apresentar, e ao CERS, propondo uma parceria para trabalhar inteligência emocional com seus alunos concurseiros, e afirmando que participaria da turma seguinte do Método C.I.S., em Brasília. Finalizou o e-mail questionando sobre a possibilidade de agendar com o Paulo um encontro na ocasião para trocarem ideias, mas a resposta, chegada três dias depois, foi um e-mail padrão que falava da agenda cheia do *coach*. Renato pensou: "Tudo bem. Eu sei que não foi ele quem falou isso, afinal, ele ainda não me conhece. Foi um assessor quem me deu essa resposta, e eu não vou desistir".

Em abril daquele ano, viajou para Brasília para vivenciar um processo irreversível. Em meio a uma multidão de quase 2 mil pessoas, Renato não sabia exatamente o que faria para se aproximar do palestrante que conduziria os três dias seguintes de intensas vivências. No entanto, a vida, mais uma vez, sorriu para o protagonista deste livro. Na porta do credenciamento, encontrou um de seus mais de 250 mil alunos, que o reconheceu imediatamente e, por coincidência, estava trabalhando na organização do evento. O seguinte diálogo se seguiu:

– Professor! O senhor por aqui?!

– Opa! Tudo bem, amigo?!

– Sou seu aluno no CERS. Que prazer ver o senhor aqui no Método C.I.S.

– Pois é, bicho! Eu vim participar do curso, mas eu preciso muito falar com o Paulo, porque eu quero propor uma parceria a ele.

– Deixe comigo que eu vou dar o meu jeito e você vai falar com ele.

No primeiro dia de dinâmicas, Renato se envolveu, participou, mas, na verdade, estava ansioso para o momento em que conseguiria falar com Paulo Vieira. Conforme o *coach* conduzia os módulos, a admiração de Saraiva crescia, assim como a ansiedade. Nada aconteceu até o fim da tarde, e ele foi dormir decepcionado por não ter conseguido espaço. No dia seguinte decidiu que não ia mais esperar, então, no intervalo do almoço foi até o palco, apresentou-se e pediu um tempo para conversar. Paulo o conduziu para o local nos bastidores onde fazia fisioterapia e durante a sessão tiveram uma conversa de dez minutos, na qual Renato contou um pouco de sua história e de seu trabalho e o que pretendia com aquele contato, um *pitch* certeiro e eficiente. Os dois saíram esperançosos daquela conversa. Renato com uma nova bagagem de inteligência emocional e ambos com a possibilidade de fechar uma parceria de sucesso.

Um novo Renato voltou para o Recife e os dias que se seguiram ao Método C.I.S. foram vividos com intensidade. Em 17 de abril de 2015, o professor escreveu em uma de suas redes sociais:

Sou grato

Sou grato a você Paulo Vieira.

Hoje beijei meus filhos.

Hoje fiz olho no olho (VO) com meus filhos.

Hoje contei histórias para os meus filhos e os coloquei para dormir.

Hoje elogiei meus funcionários e cumprimentei a todos quando cheguei na empresa.

Graças ao Método C.I.S., hoje eu abracei minha mulher como nunca tinha feito antes.

Hoje indiquei o Método C.I.S. para muitas pessoas.

Hoje, ativei o estado de recurso PAZ e consegui manter o controle.

Hoje li dois provérbios com o meu filho de 8 anos.

Hoje, cumprindo minha agenda programada, assisti ao filme Poder Além da Vida.

Hoje consegui me ver como Jorge Renato (sim, meu primeiro nome é Jorge e por muito tempo o neguei).

Hoje estou muito aliviado por ter perdoado meu pai e minha mãe.

Hoje sou grato a você, Paulo Vieira.

Do fundo do meu coração, obrigado.

Renato Saraiva

Ou se preferir

Jorge Renato Montandon Saraiva

Em duas semanas Paulo estava no Recife para conhecer mais sobre aquele empreendedor e entender a proposta. Assim como todos que visitam a sede do CERS, ficou impressionado com a estrutura de estúdios e equipamentos de ponta e com a logística para colocar todos aqueles vídeos no ar, disponíveis rapidamente para os alunos. Vieira também tinha experiência com as câmeras, mas admitia que o sistema do CERS era profissional, robusto e difícil de manter. Voltou para Fortaleza com muitas ideias na cabeça e com a parceria fechada entre o CERS e a Federação

Brasileira de Coaching Sistêmico (Febracis) para realização do 1º Congresso Online de Inteligência Emocional, Alta Performance e Gestão.

O evento aconteceu entre os dias 25 e 27 de agosto de 2015, disponibilizando gratuitamente e online palestras com grandes expoentes do mundo dos negócios e dos esportes. Entre os nomes estavam o psiquiatra e doutor em gestão de negócios Roberto Shinyashiki, o escritor Augusto Cury, o consultor William Douglas e o lutador de MMA Júnior Cigano. Quase 40 mil espectadores, de todo o Brasil, fizeram suas inscrições pela internet e puderam acompanhar a transmissão gratuita das palestras ao vivo, participando ativamente em tempo real das discussões por meio do aplicativo CERS no Bolso e das redes sociais, que permitiram o envio de opiniões e perguntas que fomentaram o debate entre os convidados no estúdio. Ali, através dos palestrantes convidados, Renato passou para os seus alunos os ensinamentos que tanto haviam mudado sua vida e que poderiam ajudá-los a ter equilíbrio para conquistar os cargos públicos almejados.

As pessoas têm notado que aquele Renato estressado, temperamental, explosivo, vem deixando de existir. É um processo muito difícil! Eu vivi 40 e tantos anos com esse tipo de personalidade. Então para mim é um desafio vencido diariamente. Cada vez que sou pego de surpresa por uma situação estressante e consigo manter o controle, eu fico muito feliz, muito satisfeito. Esse é meu principal objetivo: conseguir sempre manter o autocontrole e dominar o meu gene explosivo. Isso teve repercussão no meu campo profissional, no relacionamento com os meus sócios e no relacionamento com os meus colaboradores. Consigo tomar decisões importantes com muito mais equilíbrio e ouvindo todas as partes. Mas a mudança principal foi na minha casa. Eu e minha esposa hoje somos outras pessoas, e isso reflete na relação marido e mulher e na relação com os filhos. Claro, tem dias em que estamos melhores, dias em que estamos piores. Tem dias em que estou mais chateado, mais cansado, mas, de maneira geral, eu venho melhorando, mas ainda tenho muito a evoluir. **(Renato Saraiva)** ■

FÉ

"Fé é você acreditar em uma coisa que não existe ainda, mas que vai acontecer. Renato trouxe fé para os negócios, sempre acreditou nas coisas mais impossíveis e mobilizou as pessoas para fazer coisas que todos acreditavam que dariam errado. Se tem 1% de chance de dar certo, ele acredita que pode mesmo dar certo. Essa crença ele tem tanto em coisas, como em fatos ou pessoas. E eu credito grande parte do sucesso do negócio a essa fé. Mesmo com todo profissionalismo, ele continua mantendo a fé nas pessoas e em suas intenções e talentos." (Jefferson Cruz) ■

"Seria muita pretensão nossa acreditar que não existe algo onipresente por trás de todas essas possibilidades que existem no mundo. A natureza é muito perfeita, o homem é uma criação impressionante. Ter fé é fundamental para a existência. Infelizmente, muitas pessoas só lembram de Deus quando estão com dificuldades, enquanto, na verdade, temos muito mais para agradecer. Eu tenho um costume com Michele de, todo domingo à noite, reunir as crianças e fazer nossa oração, um balanço de como foi a semana e um pedido de proteção para a semana seguinte. E eu trouxe isso para o curso também. Normalmente, antes dos eventos e das gravações ao vivo, a gente reúne todo mundo e reza um pai-nosso. E no final da transmissão agradecemos, pois Deus é o grande guia para todas as nossas conquistas. Mesmo aqueles que não têm religião participam do momento para criar uma corrente de boas energias. Estamos juntos e nos respeitamos muito e é isso que eu tento trazer para mim, para os meus colaboradores, para a minha família. Lembrando sempre que a fé sozinha não faz nada. A fé anda de mãos dadas com o trabalho. Você vai atrás e faz a sua parte acreditando que tudo vai dar certo." (Renato Saraiva) ■

"Renato é a junção de duas coisas que eu admiro demais. Ele é o cara que sonha e o cara que faz. Tem gente que só faz, mas não sonha, morre fazendo a mesma coisa. E tem gente que sonha, mas não faz, vive sonhando e não faz nada. Renato consegue reunir, como poucos empresários no Brasil, o cara que sonha e o cara que faz. Antigamente ele sonhava muito e as pessoas não conseguiam enxergar que ele era capaz de realizar tudo o que sonhava. Hoje, ninguém mais tem dúvida. Se Renato disser que daqui a alguns anos vamos colocar uma antena de transmissão na Lua, ninguém duvida mais. Por quê? Porque ele não é só um sonhador. Quem está satisfeito quebrando pedra com martelo, vai morrer quebrando pedra com martelo. Mas se você quebra pedra e sonha em quebrar pedra de uma forma que ninguém nunca quebrou e transformá-la em obra de arte, você precisa ir atrás das melhores formas de fazer isso. Eu acho que isso define bem Renato. Ele quebrou pedra, tinha uma pedreira na frente dele, mas não queria só quebrar pedra, ele tinha o sonho de transformar aquela pedra em algo grandioso e bonito. E conseguiu. Quem conhece a história dele, conhece a história de alguém que inspira. (Geovane Moraes) ■

ESTILO DE VIDA

Quem observa o porte físico de Renato Saraiva atualmente não imagina quantos quilos a mais já se somaram na balança nos períodos em que o trabalho o consumia completamente. Os números aumentavam e diminuíam em um eterno efeito sanfona que o incomodava profundamente, até sentir que estava no limite. O amigo Jefferson seguia no mesmo caminho e foi o primeiro a tomar a iniciativa de marcar a cirurgia de redução de estômago. A diferença foi nítida, tanto física quanto psicologicamente, e Renato observava atento os resultados daquela mudança, ficando cada dia mais animado para aderir à alternativa.

"Certo dia eu falei: cansei. Cansei de ficar gordo. Não quero mais. Vou fazer redução de estômago. Aí minha mulher ficou revoltada, os meus amigos diziam que era um absurdo, que aquilo não me faria bem, que eu deveria ter cuidado. Passei pela avaliação da psicóloga e em 15 dias eu estava na sala de cirurgia, com o doutor Otacílio. Foi um sucesso, incluindo a recuperação, que costuma demorar um pouco. Comecei a perder peso rapidamente, mas sempre com a consciência de que não bastava fazer a redução de estômago, era preciso mudar a cabeça e os meus hábitos alimentares. Eu tinha que praticar esportes, fazer atividades físicas, para não voltar a engordar. Caso eu voltasse a engordar seria uma frustração muito grande. A partir dali comecei a me dedicar aos esportes, comecei a correr e me apaixonei pela corrida. Vou correr a meia maratona, depois a maratona e, daqui a dois anos, vou fazer o desafio Dunga, lá na Disney, com quatro dias de corrida. Começa nos 5 quilômetros, no dia seguinte 10 quilômetros, depois 21 quilômetros, depois 42 quilômetros! Hoje eu também faço musculação, jogo *squash*, treino corrida, tenho meu personal, Pedro, que me ajuda a não desistir, e acredito que isso pode incentivar outras pessoas a lutar também pela saúde. Porque, se eu estou conseguindo, outras pessoas podem conseguir. Descobri que sou alérgico a lactose e glúten, então cortei ambos, mudei completamente minha alimentação e minha esposa passou a me monitorar depois que entrou na faculdade de nutrição." (Renato Saraiva) ▪

A leveza e a disposição de Renato depois dessas grandes mudanças de hábito trouxeram também equilíbrio aos negócios. Com a autoestima e o bem-estar elevados, ele consegue tomar decisões com mais segurança e passa esse sentimento positivo para todos que o cercam, sejam colaboradores, parceiros, sejam investidores.

PARAÍSO PARTICULAR

A grama verde, perfeitamente podada, é um convite para estender a espreguiçadeira e observar o movimento de vaivém das ondas em frente à casa de veraneio de Renato Saraiva na paradisíaca praia de Tamandaré. A calmaria no meio da tormenta. O barulho do mar transporta o empresário para um mundo distante dos papéis, dos contratos, dos gráficos. Eis o momento de reabastecer as energias para voltar ao escritório mais leve e com mais ânimo para fazer as coisas acontecerem. No entanto, nada de descanso. O ritmo continua intenso, com atividades programadas para todo o fim de semana, que vão desde um mergulho na piscina com os filhos mais novos Miguel e Rafael, até passeio de *jet ski*, passeio de lancha, esqui aquático, *standup paddle*, banho de mar, treinos de corrida na areia ou de MMA na academia particular e reuniões descontraídas com os amigos na varanda.

Internet, só nas horas vagas, mesmo com as redes sociais fazendo o vibracall do celular pestanejar sem parar. Uma olhadela nos aplicativos de mensagens, porém, é simplesmente irresistível e, vez por outra, o dedo percorre nervoso o teclado virtual resolvendo as mais diversas situações em tempo recorde. Tudo o que o interlocutor precisa é receber seu objetivo e significativo "OK" para dar sequência a importantes planejamentos e ações que não podem esperar.

> "Ter um refúgio é necessário para um empresário. Tamandaré é meu refúgio, onde eu esqueço do mundo, esqueço até que sou dono de um curso! Toda vez que estou lá, observo a paisagem da varanda, tiro uma foto, sempre a mesma foto, o mesmo ângulo, e posto nas redes sociais. Nos comentários, as pessoas pedem "muda a foto!", mas ali, naquele quadro, tem tudo o que todo mundo precisa saber para entender meu estado de espírito. Os outros cômodos da casa eu divido com meus amigos mais próximos, meus familiares, minha esposa e meus filhos. Não abro mão desse momento. Isso me faz sentir mais vivo." (Renato Saraiva) ▪

Após fartas refeições (sem glúten e sem lactose) na sala de jantar, Renato chama a equipe da cozinha para parabenizar pelos pratos do dia e elogiar o carinho e sabor que colocaram em cada alimento. Os demais sentados à mesa entram no coro, cada um dando destaque ao que mais achou apetitoso. As funcionárias abrem um sorriso largo e saem agradecidas. Uma lição de humildade e humanidade.

"O Renato que não é empresário é muito brincalhão, muito família. Um cara de poucos, mas muito bons, amigos, geralmente de longa data. Ele gosta da própria casa, da própria família, de estar junto. É o pai de família que faz churrasco todo domingo. Adora estar na casa de praia dele e curte isso. Gosta de ser o líder das atividades. Hoje adora fazer esportes. Está sempre com os filhos, sempre brincando. É uma pessoa muito simples. O lado empresário dele não vai pra casa. Em casa, ele é o pai que quer estar com os filhos, com a esposa, e está feliz lá. Que achou também o seu grau de espiritualidade, seu ponto de equilíbrio. Uma pessoa humilde, que não deixa o sucesso subir à cabeça. Hoje meu pai tem uma inteligência emocional gigantesca, ou seja, é uma pessoa muito tranquila de lidar, que cuida de tudo e de todo mundo. O grande paizão da família." (Guilherme Saraiva, filho) ■

RENATO SARAIVA MAIS DE PERTO

"Renato está em um momento espiritual bem melhor, vocês o pegaram muito mais tranquilo. Ele está notadamente tranquilo. É tanto que lá na Editora, ele é quem me pede calma. Mas no começo, ele queria fazer tudo ao mesmo tempo. Ele estava em todos os setores ao mesmo tempo. Porque na verdade, no começo, ele e Michele eram realmente tudo: financeiro, marketing, produção... Quem não conhecia Renato achava que ele era o pior chefe do mundo, porque ele gritava pelos corredores: 'Porra! Bora! Bora! Agiliza!' Mas sabe por que ele fazia aquilo? Porque o CERS tinha de dar certo! E não tem como você não se apaixonar por isso. O exemplo é tudo." (Geovane Moraes, professor) ■

"Renato hoje em dia é uma pessoa muito mais leve – pelo menos uns 30 quilos (risos) –, mais tranquilo, mais maduro e tem a inteligência que o tempo e a experiência vão trazendo. Cada pessoa que conhece o Renato tem uma visão diferente sobre quem ele é. Renato entende de todas as áreas. Seja para uma nova ideia para a cozinha da empresa até um grande contrato para a área de tecnologia, ele tira manobras e ideias da cartola. Quando falamos do professor, Renato tem uma empolgação diante das câmeras bem homogênea do começo ao fim, a energia não se perde durante o vídeo. A única diferença é que ele faz uma voz esquisita quando a câmera acende a luzinha vermelha. Eu não sei de onde ele tira aquela voz. É um negócio meio Gil Gomes... Eu não sei. Não tem explicação." (Jefferson Cruz, atual sócio) ■

APP VAMOS JUNTOS – Posicione aqui o leitor do aplicativo e assista a um trecho da entrevista com Jefferson Cruz em que ele descreve o Renato professor e empreendedor, sob seu ponto de vista.

"Eu acredito que toda a personalidade de alguém é construída na infância. Então o modo como você age hoje, de uma maneira ou de outra, é porque na infância você teve uma vivência negativa ou positiva daquilo. O ser humano constrói os seus traumas na convivência com o pai, com a mãe, com os irmãos, os amigos, a família... E você acaba repetindo comportamentos anteriores. Para evitar reproduzir as vivências negativas, a primeira coisa que você tem que fazer é aceitar e reconhecer que tem essa limitação, e se perdoar. A partir daí você estará disposto a mudar e contagiar os outros. Quando você consegue mostrar para os outros os seus valores, estará atraindo para si pessoas que pensam de modo semelhante a você." (Renato Saraiva) ■

"Para que eu e Renato conseguíssemos conciliar nossos desejos, anseios e temperamentos fortes foi complicado. Em determinado ponto, fomos muito mais sócios do que marido e mulher. O CERS foi um projeto que eu adotei e precisei cuidar mesmo sem querer, só o tempo me fez amá-lo e aceitá-lo. Nesse ponto eu passei a ter orgulho do que eu e Renato fizemos juntos, passei a admirar o meu marido com muito mais força, olhá-lo de maneira diferente e respeitar muito mais as características dele que destoam das minhas. Quando conseguimos esse equilíbrio, voltamos a ser marido e mulher. Se antes eu via teimosia, hoje eu vejo empreendedorismo, perseverança, dedicação, coragem, ousadia. Com todas as mudanças que aconteceram nestes anos, Renato tem mais vida própria. Ele tem tempo para a família, para a casa, para a saúde. Ele tem mais qualidade de vida." (Michele Saraiva, esposa) ▪

A GRANDE MULHER AO LADO DO GRANDE HOMEM: A VIRTUDE DO EQUILÍBRIO

"Depois que me separei da minha primeira esposa, eu costumava dizer que eu era pipa voada, não queria compromisso fixo com ninguém, eu queria era aproveitar a vida! Como não aproveitei minha adolescência, trancado em casa, nem minha juventude, trabalhando, achei que aquele era o momento de fazer isso. Quando conheci Michele, não queria nada mais do que me divertir, mas eu acho que o destino já tinha escrito a nossa história. Qual era a probabilidade de uma menina de Natal encontrar um cara do Rio de Janeiro em uma terceira cidade – Recife – e isso dar certo? Foi aquela velha história, né? Você fica atirando, atirando, atirando, brincando com fogo, uma hora você se queima. Eu me apaixonei por ela como nunca havia me apaixonado por ninguém, e a paixão virou amor e hoje nós estamos juntos.

"Ela é uma pessoa especial. Todos que têm a oportunidade de conhecê-la sabem que ela é uma pessoa maravilhosa. Se eu cheguei aonde cheguei, devo ao apoio e ao trabalho dela. Ela foi fundamental na empresa. Mesmo não desejando o CERS, colocando defeito em tudo, ela me apoiou muito, ia para supermercado, contava biscoitos, fazia café, foi meu braço direito e esquerdo. Na época, ela abriu mão de muitas coisas dela, até dos sonhos pessoais, para viver esse sonho comigo. Muitas vezes eu tinha de viajar pra continuar dando aula e ganhando o dinheiro que o CERS ainda não dava e, no dia seguinte, tínhamos um evento para promover. Então era ela quem organizava auditório, equipe, tudo. Ela foi uma guerreira e continua sendo uma mulher muito forte e apaixonante.

"Ela continua sócia da empresa, mas se afastou da diretoria para se dedicar às coisas que sempre quis. Está fazendo faculdade de Nutrição e está mais tranquila, em busca dos seus sonhos. Daqui a pouco ela vai montar o consultório dela e eu vibro com isso. Neste momento, seu papel aqui na empresa é muito mais de conselheira. Quando estou em alguma situação que não consigo resolver, vou conversar com ela, pergunto o que acha, qual a opinião dela e ela está sempre do meu lado, me apoiando. Ela é fundamental. Eu digo que ela continua sendo e será sempre meu porto seguro, o amor da minha vida. Estando bem com a minha esposa, a vida fica mais fácil, o resto é prato pequeno, fácil de resolver.

"Todo pequeno empresário precisa se dedicar em dobro para o crescimento de sua empresa em relação àqueles que já estão na estrada há mais tempo ou têm maior estrutura. Por isso, ter alguém que te ame e apoie nos tempos difíceis pode ser fundamental para encontrar o equilíbrio tão necessário nos momentos de lidar com perdas, fracassos ou decisões mal tomadas." (Renato Saraiva) ■

UM VERDADEIRO COMPLEXO DE ENSINO

Em efeito dominó, todos os pontos positivos advindos da inteligência emocional, da fé, de um estilo de vida mais leve, do tempo para descanso e do bom relacionamento com esposa, filhos e amigos se desencadearam em novos projetos e novas conquistas nada modestas. O próximo objetivo é construir um verdadeiro complexo de ensino, incluindo no leque de produtos do CERS (além de preparatórios para concursos, para Exame de Ordem, congressos, pós-graduação, livros e cursos voltados ao ambiente corporativo) centros presenciais de estudos, preparatórios para cursos técnicos e até uma faculdade! Acha que é impossível? Impossível é que, depois de ler este livro, você ainda acredite na existência dessa palavra.

#capítulo7

CRESCIMENTO E EXPANSÃO

Complexo é aquilo que não é simples, algo que não se cria ou se consegue rapidamente. Pode levar dias, meses ou anos. É preciso muita sabedoria para construir algo complexo, dominar muito bem a forma de moldar os elementos dessa construção para torná-la possível, buscando também novas técnicas, novas frentes, novos mercados. É difícil, é imprevisível, mas recompensador. É chegado o momento, portanto, de construir um verdadeiro Complexo de Ensino, com todas as lutas intrínsecas à própria palavra.

#

Falar em crescimento e expansão empresarial em 2016, quando os noticiários reforçam diariamente a crise político-econômica instalada no país, parece utópico. O ano chegou em quadro de recessão econômica, com as famílias brasileiras adequando seu orçamento à nova realidade e reduzindo a demanda por alguns produtos e serviços. Segundo o Instituto Brasileiro de Geografia e Estatística (IBGE), o país fechou o ano anterior com uma taxa de desemprego de 8,5% na média dos meses, principalmente entre os jovens na faixa dos 18 aos 24 anos.[1] Diante desse cenário, o clima é de desconforto e desconfiança entre a população, que, quando já não está endividada, prefere guardar o dinheiro suado, gastar com cautela e direcionar o investimento para serviços que possam significar a retomada do sonho da estabilidade. Foi assim que, sem esperar, o CERS viu suas oportunidades potencializadas no meio do turbilhão vivido pelo país.

"No atual momento de crise econômica que vivemos, as pessoas se voltaram ainda mais para os concursos públicos, na tentativa de garantir um emprego e algu-

[1] Disponível em: <http://g1.globo.com/economia/noticia/2016/03/taxa-media-de-desemprego-ficou-em-85-em-2015-diz-ibge.html>. Acesso em: 13 jun. 2016.

> ma estabilidade financeira. Nesse contexto, a quantidade de desempregados que decidiram apostar no funcionalismo público como nova carreira aumentou consideravelmente. Com maior concorrência, o nível de preparação também foi elevado, fazendo com que os concurseiros busquem qualidade e assertividade no material de estudo. Só em 2015, foram abertas 215 mil vagas em concursos públicos no Brasil, que contabilizaram juntos 13 milhões de inscrições. Cada concurseiro gasta em média mil reais por ano na sua preparação. Essas despesas incluem inscrição, cursos preparatórios, material didático e transporte. Então podemos contabilizar quase 13 bilhões de reais girando a mais na economia só com as seleções para cargos públicos. O ano de 2016 não está sendo diferente. É um negócio bilionário que está indo na direção contrária da crise, e o CERS pegou essa onda." (Renato Saraiva) ■

Apesar de ser um negócio bem-sucedido, por muito tempo o CERS foi refém de uma ou de poucas fontes de receita e esse sempre foi um dos principais riscos para a empresa. Para ter uma ideia, por cerca de quatro anos, só os cursos preparatórios para o Exame de Ordem representaram 40% do faturamento. Vendo apenas um nicho ou determinado produto se destacar em relação aos outros, Renato percebeu com maestria que era preciso diversificar ainda mais. Assim, vieram os cursos para carreiras jurídicas, cursos de pós-graduação, congressos e preparatórios para o Enem, que distribuíram melhor esse percentual. Contudo, não era o bastante. Então o que mais faltava? Faltava investir no futuro.

"Eu brinco que meu pai virou empresário de fato. Ele é operador do Direito, não é advogado. Tornou-se membro do Ministério Público, e depois professor. Pelas circunstâncias, tornou-se escritor, e depois dono de um curso. Aí se tornou empreendedor! E hoje eu brinco que, agora, sim, ele é um empresário. Ou seja, ele mudou muito e aprendeu a lidar com situações empresariais e colocou na cabeça que ser empresário é o que ele gosta, é o que a vida proporcionou de melhor para ele e o que ele deseja seguir. Então hoje, além de sócio aqui no CERS, Renato também é um investidor-anjo. Ele procura outras oportunidades para ajudar empresas menores que estão iniciando e nas quais ele enxerga um bom potencial de retorno também. Eu acredito muito que o futuro dele é se tornar cada vez mais um grande empresário, não só empreendedor, mas alguém que entende toda a lógica de negócio. Ele bate bola no mesmo nível de outros empresários de sucesso e contribui para a qualidade do empreendedorismo brasileiro perante a Endeavor. Uma pessoa com cada vez mais saúde, que é do que ele está correndo muito atrás hoje, com mais inteligência, com a família estruturada. Eu enxergo o futuro dele gigantesco."
(Guilherme Saraiva, filho) ■

"Renato quer ampliar essa veia de investidor. Ele não quer pegar tudo que lucrou e construiu até hoje e guardar em um banco ou debaixo do colchão. Ele precisa e gosta de continuar correndo risco, tendo novas ideias, pensando em novas possibilidades. Hoje o CERS tem mais de 300 cursos ativos, fora os cursos de pós-graduação e os preparatórios para o Enem. Compramos uma empresa de ensino técnico profissionalizante: a NovaMicroway. Temos o CERS Corporativo, aumentando o leque de produtos. Nós vamos ampliar o site, diversificar o público criando o Meuconcurso.com. Além disso, os Centros de Estudos já estão disponibilizando espaços físicos, para uma experiência mais intensa de estudo."

(Jefferson Cruz, sócio) ■

CERS CORPORATIVO: EXTENSÃO E APERFEIÇOAMENTO

Costurando essas oportunidades, o CERS chegou a uma próspera teia de inovação, que enlaça negócios diversificados e de grandes perspectivas. O primeiro a ser planejado e em pleno crescimento é o CERS Corporativo. A concepção do projeto teve início em 2014, em 2015 ele foi estruturado com uma equipe de trabalho exclusiva, escolhida a dedo, para que 2016 e 2017 se configurassem como os anos de expansão e investimento no novo nicho, que oferece cursos online de extensão e aperfeiçoamento profissional, além de soluções educacionais para organizações que anseiam pela qualificação de seus colaboradores, por meio da capacitação especializada, aplicada em um ambiente online personalizado, com foco na melhoria dos indicadores, potencialização dos resultados e desenvolvimento humano das empresas.

"O CERS sempre foi muito sondado por empresas públicas e privadas para levar o que tínhamos de conhecimento, know-how e estrutura para dentro das organizações. Se antes éramos conhecidos como um negócio *B2C* desde a nossa essência, com nosso DNA voltado para o consumidor final, sentimos nesse meio-tempo que era necessário atender aos anseios do nicho *B2B*. Parecia para nós uma alternativa interessante entrar no ramo. Esse era um projeto que tínhamos havia muito tempo, mas estava na gaveta. Faltava braço realmente para operar. Foi um dos projetos em que dei uma olhada e achei interessante, senti que tinha potencial. Pode ser um ramo de negócio que demore um pouco para maturar, mas deverá criar uma alternativa viável para o CERS no futuro." (Guilherme Saraiva, gerente executivo do CERS Corporativo) ■

A ideia mais ousada do projeto é sair de uma linguagem já cômoda para o CERS, que antes se comunicava exclusivamente com a área do Direito, e montar cursos de capacitação pessoal para aqueles que estão se preparando para o mercado privado de trabalho, para o mercado da área pública e principalmente para os que já atuam na área pública, ajudando empresas e órgãos a capacitar as pessoas. Segundo pesquisas acompanhadas constantemente pela equipe do CERS, um dos grandes problemas das companhias hoje é justamente a falta de capacitação e o alto custo que isso representa. O CERS Corporativo veio solucionar esse problema com a proposta de um modelo de treinamento menos custoso, mais escalável e que traz mais retorno direto.

Com o Tribunal Regional do Trabalho do Paraná, por exemplo, o CERS analisou, desenvolveu e vem aplicando um programa de capacitação em áreas-chave para 500 servidores da área jurídica do órgão. O projeto permitiu total liberdade ao cliente na escolha do conteúdo, do material de apoio, da forma de transmissão dos treinamentos e até na mensuração dos resultados. Soma-se, ainda, a praticidade e a economia de treinar essa enorme quantidade de servidores ao mesmo tempo, sem ter de dispor de espaço físico, alimentação, palestrantes vindos de outros estados etc.

Os usuários podem acompanhar, por meio de gráficos e relatórios, sua evolução individual, bem como os gestores a evolução dos seus liderados, tendo também uma visão geral do crescimento da equipe, de acordo com o avanço e a participação em aulas e atividades extras oferecidas pelo sistema virtual. Uma plataforma LMS de aprendizado permite gerenciamento próprio das turmas, acompanhamento em tempo real, engajamento e análise imediata dos resultados e da evolução da equipe, por meio de relatórios individuais ou de grupos.

Para os funcionários das empresas atendidas pelo CERS Corporativo, os maiores diferenciais do serviço são a qualidade de professores e palestrantes e a comodidade de assistir aos treinamentos pelo tablet ou pelo computador, no próprio ambiente de trabalho, ou mesmo em casa. Isso se torna um estímulo ao desenvolvimento, pois viabiliza a aplicação imediata dos conhecimentos no dia a dia corporativo. Como resultado, é possível identificar maior disposição desses profissionais para execução de atividades desafiadoras, gerando inspiração e criatividade para inovar, além de maior segurança para opinar e se envolver com dedicação nos trabalhos em equipe.

"Criar o CERS Corporativo e cuidar dele tem sido muito prazeroso. A satisfação de pegar um projeto do zero é muito grande. Quando você trabalha com novos negócios, sente uma incerteza muito grande, afinal, são dados vários tiros no escuro. Você trabalha com várias situações que não necessariamente vão dar certo e tem um projeto que dentro da companhia ainda representa pouco em termos de faturamento. Consequentemente, é preciso batalhar mais para ele acontecer e para que as pessoas acreditem que vale a pena investir naquilo. Mas é muito bacana cuidar do projeto desde o início, tratar como filho, ver os colaboradores se desenvolvendo, ver a captação de clientes acontecendo e se ver ajudando a empresa de forma direta e indireta. Para mim é uma satisfação muito grande trabalhar nisso. Acho que essa será uma fonte de receita considerável do CERS em um futuro bem próximo." (Guilherme Saraiva, gerente executivo do CERS Corporativo) ■

CERS CENTROS DE ESTUDOS: FRANQUIAS E O CONCEITO DE *CO-STUDYING*

Quando falamos do mercado de franquias no Brasil, empresas com foco em Educação e Treinamento correspondem a 70% da fatia. No segundo semestre de 2015, o cenário foi bastante positivo, com crescimento de 11,2% no faturamento das franquias da área. Diante dessa realidade, o CERS percebeu uma ótima oportunidade a ser explorada: criar franquias no estilo *co-studing*, que mistura conceitos de economia criativa, laboratório remoto e *makerspace*. Era o que faltava para que os clientes pudessem ter uma experiência completa de ensino. A cereja do bolo. Como, porém, criar franquias de uma rede de ensino online? Parecia estranho, uma missão impossível.

No entanto, conversando com professores, estudando com atenção o comportamento do cliente e ouvindo bastante, ficou claro para Renato que uma das necessidades de quem estuda online é um espaço tranquilo para assistir às videoaulas, afinal, nem sempre é possível ter à disposição um ambiente de estudo favorável, um cômodo silencioso, sem ninguém para interromper a linha de raciocínio, e bem estruturado, com equipamentos eletrônicos adequados; pelo contrário, o ambiente mais comum para o estudante online é a própria casa ou o próprio quarto, com a dinâmica e as pessoas que compõem uma casa: animais de estimação, pai, mãe, marido, esposa, filhos ou mesmo a diarista, que podem ser uma distração.

Finalmente, o projeto do CERS Centros de Estudos criou vida em um almoço com o empresário Daniel Guedes, que tem quinze anos de experiência dirigindo as maiores organizações educacionais do Brasil e iniciou a carreira na Microlins onde ocupou o cargo de diretor executivo estatutário. Guedes presidiu também a Rede de Ensino Jurídico LFG e, antes de empreender, ocupou a posição de superintendente da Anhanguera Educacional S.A. Atualmente, ele preside a ABC Holding Educacional, controladora das marcas Nova, Projeta e Microway, com mais de 120 franquias educacionais em todo o país, focada em ensino profissionalizante, cursos de idiomas, preparatórios e reforço escolar. Não faltaria know-how para iniciar a abertura das franquias CERS. E assim foi. Guedes trouxe o modelo de "sala de aula invertida", em que o aluno é protagonista e aprende de forma autônoma, com apoio de tecnologias e toda a infraestrutura necessária.

"Comprovamos que o paradigma tradicional de ensino, em que o professor expõe os conteúdos e os alunos acompanham as explicações para só depois estudar, está ultrapassado. Nossa metodologia permite que o aluno seja o protagonista da aula e aprenda de forma autônoma, quando for melhor para ele." (Renato Saraiva) ▪

Venda personalizada de cursos, cabines de estudos individuais, modernas, confortáveis, silenciosas e com acesso à internet, livraria, cafeteria e serviços de *coach* são a nova proposta. Em resumo, um espaço físico, com toda a infraestrutura e toda a tecnologia de uma escola de ponta, com base nos mais modernos e confortáveis conceitos arquitetônicos e de *co-studying*, capaz de apoiar o aluno, aumentando suas chances e sua performance para a aprovação nos mais variados concursos. Foi com essa proposta que em apenas seis meses de operação, entre o final de 2015 e início de 2016, o CERS Centros de Estudos já contava com uma rede de doze unidades: Aracaju/SE, Belém/PA, Castanhal/PA, João Pessoa/PB, Juiz de Fora/MG, Montes Claros/MG, Natal/RN, Patos/PB, Porto Velho/RO, Recife/PE, Salvador/BA e Sobral/CE.

"Encontramos nas franquias a melhor solução para ampliar a experiência de ensino do CERS e fechar todo o ciclo de estudo: desde o desenvolvimento customizado dos conteúdos até a distribuição das aulas por meio da web e a opção de os estudantes encontrarem um ambiente tranquilo para assimilar todo esse aprendizado." (Daniel Guedes, CEO do CERS Centro de Estudos) ▪

Para abrir uma franquia do CERS Centros de Estudos é necessário um investimento inicial 200 mil reais a 500 mil reais, dependendo do tipo de unidade (franquia em cidades de até 200 mil habitantes ou franquia padrão – demais cidades), com prazo para retorno do investimento entre 24 e 36 meses. O faturamento médio mensal por unidade pode ficar entre 15 mil reais e 30 mil reais para franquias em cidades de até 200 mil habitantes e entre 30 mil reais e 50 mil reais nas franquias padrão, com lucro médio mensal entre 20% e 30% sobre o faturamento global da franquia. O franqueado fatura com base em todos os serviços prestados (livraria, café, *coach* etc.) e não apenas com a venda de cursos.

"Para ser franqueado de um dos Centros de Estudos do CERS é necessário ter disposição, espírito empreendedor, interesse no mercado de educação, ser receptivo a novas ideias, ser uma pessoa idônea e ter disponibilidade financeira compatível com o plano de negócios, além de outras características específicas que são tratadas durante o nosso processo seletivo." (Daniel Guedes, CEO do CERS Centros de Estudos) ■

O CERS pretende encerrar 2016 com mais cinquenta centros de estudos, dos quais quarenta já foram inaugurados, demonstrando que o modelo de negócio desenvolvido por Saraiva é perene e registra demanda tanto em períodos de economia aquecida quanto em tempos de movimentos econômicos fracos.

> "Uma coisa que eu aprendi é que conforme uma empresa vai crescendo, fica difícil manter uma grande margem de lucro. Por isso, estamos investindo em novas frentes de negócios. Vamos sair da crise fortalecidos, ocupando os espaços deixados pelas empresas que não sobreviveram porque não foram arrojadas o suficiente. Estou muito otimista com os anos que estão por vir. Os concorrentes estão loucos." (Renato Saraiva) ■

NOVAMICROWAY: CURSOS TÉCNICOS A DISTÂNCIA

A sociedade com Daniel Guedes trouxe mais do que os Centros de Estudos. Como diretor da NovaMicroway, ao unir-se a Renato Saraiva, Guedes trouxe também sua rede de franquias de cursos profissionalizantes para o modelo online de ensino. Imediatamente Jefferson Cruz se mostrou interessado em tomar a frente nesse desafio, sentia necessidade de embarcar em um novo projeto de vida e profissional. Contudo, já havia projetos demais sob seu comando, além das equipes que precisava dirigir e a sua fatia como sócio da Editora Armador. Seria preciso escolher.

> "Quando surgiu a proposta da NovaMicroway, Jefferson se encontrou em uma encruzilhada, porque ele é sócio do CERS e acumulava os trabalhos da Armador, tinha que tocar os novos projetos da NovaMicroway e ainda tinha que viver! Tornou-se humanamente impossível para ele." (Geovane Moraes, professor e sócio da Editora Armador) ■

No final de 2015, Jefferson vendeu seu percentual da Editora Armador para Renato Saraiva e pôde se dedicar de corpo e alma à missão de montar a nova configuração da empresa que acabava de ser incorporada ao CERS. A NovaMicroway está em fase de recrutamento da equipe e criação de um ambiente digital adaptado e especialmente pensado para alunos de cursos técnicos. Segundo dados da Fundação Getulio Vargas (FGV), 40% dos estudantes brasileiros não concluem o ensino médio por considerarem as aulas desinteressantes. Para criar um cenário educacional diferente e atrair esses jovens, é preciso abusar da interatividade, trabalhar com didática inovadora e muita, muita tecnologia, como é o exemplo da gamificação.

"Utilizar jogos como parte da metodologia de ensino combate a falta de interesse que os jovens muitas vezes demonstram pelos antiquados modelos de educação que ainda insistem em ser aplicados no Brasil atualmente. A gamificação é atraente, pois envolve uma tecnologia que fala a língua da nova geração, evitando dispersão. Imagine se o tempo que nossos filhos desperdiçam com jogos diversos pudesse ser aproveitado em atividades similares de real aprendizagem. Novas tecnologias permitem esse alto poder de engajamento, são capazes de prender a atenção dos estudantes e fazê-los aprender de forma lúdica e natural." (Jefferson Cruz, sócio) ■

"É uma experiência de imersão sem igual, como se o aluno vivenciasse as situações práticas que terá que enfrentar no dia a dia da profissão. Um processo de aprendizagem mais dinâmico, rápido, agradável e que alcança o jovem. Estamos buscando as pessoas certas para implementar esse modelo com maestria." (Renato Saraiva) ■

A estrutura atual da rede de franquias NovaMicroway já possui mais de cinquenta unidades em todo o Brasil, com mais de 15 mil alunos formados em cursos técnicos por ano. Com uma oferta de mais de 120 cursos profissionalizantes, a empresa mistura o presencial e o virtual, disponibilizando metodologia de ponta em seus laboratórios e suas salas de aula modernas e equipadas, além de um portal de empregos exclusivo para encaminhamento profissional dos alunos após a conclusão do curso.

"Temos um potencial gigante. Nem arranhamos a superfície com tudo o que fizemos até agora. Dá para fazer muito mais dentro dessa diversificação de áreas e de produtos. Tudo é coragem para se aventurar. Ninguém nesta empresa fica parado esperando que alguma coisa aconteça e caia do céu. Os que chegam com esse sentimento rapidamente percebem que não se encaixam. Temos aqui pessoas ativas, transformadoras, que estão cada vez falando melhor, agindo melhor, tornando-se profissionais melhores. Isso reflete o sentimento do grupo. Assim fica fácil crer que coisas cada vez melhores estão por vir. Agora a nossa missão e o nosso desafio é fazer ainda melhor do que tudo que já fizemos até hoje. Esse é o espírito." (Jefferson Cruz, sócio) ■

MEUCONCURSO.COM: AULAS ACESSÍVEIS PARA TODOS

> "Nosso grande desafio é escolher as oportunidades que se apresentam mais corretas para o futuro, abraçar, tentar fazer dar certo e ver se realmente são oportunidades viáveis. Isso aconteceu com o QG do Enem, na área de cursos técnicos, na área de franquias, cursos corporativos, entre tantas outras. Toda a expansão que a gente faz buscando um novo mercado é muito baseada em oportunidades que possam fazer o CERS crescer e para dividir a nossa fonte de receita." (Guilherme Saraiva, filho) ▪

Em 2016 é estruturado então o Meuconcurso.com. Um novo negócio para um produto já existente, criado com o intuito de segmentar o público do CERS e poder conversar com cada um dos clientes de maneira mais assertiva. Entre o leque de cursos do CERS havia preparatórios para concursos de nível médio e superior, fosse para a área do Direito, fosse para outra área. O Meuconcurso.com chega para produzir aulas especificamente para outras formações profissionais: arquitetos, engenheiros, jornalistas, publicitários, entre outros, sejam técnicos, sejam analistas, que também estejam buscando um espaço na esfera pública por meio dos concursos.

O grande diferencial desse novo site é um modelo pedagógico compartilhado que reúne distintos recursos de aprendizagem. A plataforma concilia até cinco usuários simultâneos para assistir aos cursos preparatórios para concursos. Uma economia para o aluno de até 40% do valor que seria gasto no estudo individual, com a mesma estabilidade na transmissão e na qualidade do conteúdo. Além disso, todos os usuários ganham acesso gratuito a um completo e assertivo banco de questões para concursos de nível médio e superior nos mais diversos cargos e áreas. Assim, é possível testar conhecimentos por meio de variados estilos de questões das bancas organizadoras, como Cespe/UnB, Fundação Carlos Chagas (FCC), Fundação Getulio Vargas (FGV), Cesgranrio, Consulplan, Vunesp e Esaf. Com o acompanhamento periódico do desempenho e a análise das disciplinas nas quais há maior dificuldade, os estudos podem ser direcionados com foco em melhores resultados.

A plataforma promete ser uma alternativa mais barata e assertiva na preparação para concursos e chegará ao mercado com toda a força empreendedora própria do Renato Saraiva, que está plenamente confiante no sucesso dessa novidade.

"Hoje, para a escolha de novos segmentos de mercado a ser explorados, Renato dispõe de recursos muito refinados para fazer essa análise. Se é uma análise de mercado, uma análise de número de público-alvo e a possibilidade de dinheiro que aquilo movimenta, análise de concorrência, ou uma análise do futuro ou de descoberta de novos mercados, existem métodos que traçam um panorama disso tudo para auxiliar na tomada de decisão. No entanto, ele nunca abriu mão do *feeling* e continua colocando uma grande dose de instinto nas suas decisões. Isso é o que o motiva, faz com que ele venha com um caminhão para dentro dessas novas oportunidades. Então quando ele olha, encosta e cisma e acha que vai dar certo, ele bate muita bola com as pessoas para tentar testar a teoria dele e depois leva o projeto para a frente. Acho que qualquer bom empreendedor trabalha com análises, trabalha observando o grau de oportunidades no mercado, mas também tem uma grande dose de instinto envolvida." (Guilherme Saraiva, filho) ▪

UMA ETERNA CORRIDA EMPREENDEDORA

Os pés que caminharam sozinhos para longe das ruas de Vigário Geral passaram por caminhos tortuosos. Sonhos conquistados e abandonados, investimentos fracassados, amizades desfeitas e desafetos inevitáveis. A favela, a moto, a farda de oficial, o primeiro escritório falido, tudo ficou apenas na memória para dar lugar a uma nova cidade, nova vida, nova empresa. Acreditar no sonho pela democratização do ensino fez Renato ir muito mais longe do que um dia imaginou e ele fez questão de, em uma conta que desafia a Matemática, dividir tudo o que conquistou para multiplicar o êxito.

A crença nas pessoas impulsionou cada um dos parceiros, sócios e colaboradores na busca por serem ainda melhores e maiores. O crescimento almejado veio, a cada ano, em percentuais maiores, proporcionais à alegria dessas pessoas em vestir a camisa do CERS. Abrir mão do modelo de gestão familiar e encarar a profissionalização tem sido um desafio enfrentado com a união de grandes líderes, que assumiram esse importante papel.

Renato aprendeu que inteligência emocional pode ser desenvolvida e que é muito mais fácil ser são quando você fortalece os laços com sua família, pois estar próximo das pessoas amadas é, sem dúvida, o que torna um empresário confiante para tomar suas decisões importantes. Isso é tão valoroso quanto a fé em um futuro melhor para os vários meninos-Renato de Vigário Geral e todos os que acreditam na educação como o caminho certo para o desenvolvimento.

Só nos quatro primeiros meses de 2016, o CERS já havia crescido 28% em relação ao mesmo período do ano anterior, número recorde na história da empresa, mostrando que a crise chega apenas para aqueles que a convidam para entrar. Se considerarmos o faturamento por região do país, é notável a aceitação do modelo de ensino do CERS no Sudeste do Brasil, que representa 35% do faturamento global, seguido por Nordeste (29%), Sul (15%), Centro-Oeste (14%) e Norte (7%).

Com selo ISO 9001 de qualidade recentemente conquistado, que garantiu a excelência do CERS na produção de aulas online, Renato pretende seguir abrindo novas frentes, sempre com foco na satisfação do cliente e de seu colaborador, crescendo com aqueles que estão à sua volta, assim como fez durante toda a vida, sem abrir mão do que acredita, de suas crenças e suas filosofias.

"Tudo o que fazemos no CERS é com foco em ser uma empresa de ensino reconhecida no Brasil por sua qualidade e seu alto nível. Estamos caminhando para um modelo de franquias agora sustentável e caminharemos muito em breve para um modelo de graduação também. Acredito que vamos nos tornar muito grandes e nosso complexo de ensino envolverá estudos para concurso, atualização profissional em geral, cursos corporativos, cursos para Ensino Médio, Pós-graduação e Graduação. Esse é o futuro que eu consigo enxergar para o CERS. Uma empresa nacional muito grande, com atuação em diferentes ramos da educação e reconhecida pelo seu nível de excelência e qualidade elevado. Pretendo estar à frente desse processo por muito tempo. Sou muito novo e tenho muita vontade. Nossa equipe trabalha com muito brilho nos olhos e temos muito a fazer. Essa fome pelo novo é o que nos faz seguir em frente. E nós ainda temos muita fome!" (Renato Saraiva) ▪

Seguir em frente faz Renato correr. E na manhã do dia 29 de maio de 2016 ele correu 21 quilômetros na 14ª edição da Maratona do Rio, superando todos os limites que o corpo insistiu tantas vezes em dizer que não conseguiria superar. Ele costuma não dar ouvidos àqueles que falam sobre o impossível. Ele prefere continuar correndo. E a corrida de Renato Saraiva não se limita a quilômetros vencidos. Ele corre para fechar parcerias, corre para dar o melhor aos alunos, corre para abrir novas frentes de negócios, corre para recuperar a saúde, corre para conseguir dobrar os desafios. A inscrição para correr 42 quilômetros na maratona de 2017 já está garantida, e ele já começou o treino. Você duvida?

#capítulo8

DE EMPREENDEDOR PARA EMPREENDEDOR

Mais de 20 dicas sinceras por quem construiu, desconstruiu e reconstruiu um negócio.

#

#DICA1 – A NECESSIDADE FAZ A OPORTUNIDADE

O melhor combustível para a ação é a necessidade. Quando eu era um garoto pobre, sem grana, eu tinha necessidade de buscar um futuro melhor, correr atrás de melhores oportunidades e isso me mobilizava. Ser criado em Vigário Geral foi a melhor coisa da minha vida, sou imensamente grato por ter vivido essa realidade, porque ela fez de mim um guerreiro. As pessoas que têm tudo não precisam buscar e mostrar seu valor, já aqueles que vivem na privação provavelmente reunirão mais força de vontade para correr atrás de soluções. Entenda as necessidades de sua empresa e busque alternativas como se sua vida dependesse disso. Foi assim que realizei meus sonhos. Isso é o que fará você lutar e vencer.

#DICA2 – SAIBA ONDE ESTÁ PISANDO

Empreender já é difícil, e, quando você arrisca em um negócio sem dominá-lo, esse risco é potencializado. Por isso, é extremamente importante que você saiba o que está fazendo, que domine o ramo no qual atua ou pretende atuar. Quando eu criei um curso, já estava imerso no mundo da docência, conhecia exatamente as carências e as necessidades do mercado, entendia a cabeça do professor, assim como a do aluno. Assim é muito mais fácil arriscar e apostar seu dinheiro. As pessoas têm a falsa ilusão de que o empreendedor toca nas coisas e elas viram ouro, mas, na verdade, é preciso saber o que está fazendo. O sucesso vem como consequência.

#DICA3 – SONHE GRANDE

Sempre comece qualquer coisa pensando grande e positivo. Queira ser o melhor dos melhores e nada menos do que isso. Tenha disposição e uma vontade incansável de colocar suas ideias em prática, por mais absurdas que pareçam para outras pessoas. Com muita determinação, olhe sempre em frente, para o futuro, e tenha uma dose extra de ousadia. Todos esses ingredientes fazem parte da receita para o bolo da vitória.

#DICA4 – SEJA UM POUCO LOUCO

No início do negócio, você precisará arriscar e usar bastante a intuição. Pode parecer loucura tomar decisões sem embasamento, mas você ainda não terá ferramentas boas o suficiente para guiá-lo. Isso você só conseguirá com tempo, dinheiro e uma equipe estruturada. Assim, dê o pontapé inicial sendo destemidamente um pouco louco. Se eu fosse dar ouvidos a todos os que me chamaram de louco, ficaria paralisado. Contudo, é preciso ser visionário e corajoso, principalmente quando falamos de empreender no atual cenário brasileiro. Seja um louco apaixonado pela sua causa.

#DICA5 – NÃO DESISTA

Você não pode deixar que as pedras no caminho o derrubem. Diga a si mesmo sobre seu potencial e não deixe que ninguém determine seu estado de espírito. A maioria das pessoas desiste quando encontra dificuldades. Nem pense em desistir! Tire essa palavra do seu dicionário. Corra atrás de seus desejos com toda a força.

#DICA6 – NADA SUPERA O TRABALHO

Quanto mais você trabalha, maior a sua conquista, não existe equação mais exata. Quando comecei minha carreira de professor e autor, passei noites acordado, meses trabalhando, focado, ralando. Posso afirmar que nada supera o trabalho duro. Talento é fundamental, mas sem trabalho duro tudo se perde. Busque um propósito e algo que o inspire e comece seu trabalho por aí, pois, ao longo do tempo, outras motivações surgirão para manter seu motor alimentado. Eu prefiro dormir cansado a dormir acomodado.

#DICA7 – NÃO QUEIRA GANHAR SOZINHO

A política do ganha-ganha deixa todo mundo satisfeito. Os professores eram os protagonistas de meu negócio. Eles reclamavam do sistema de remuneração aplicado pelos cursos e eu sabia exatamente como eles se sentiam, afinal, já havia sentido na pele. Quando você divide as conquistas e as responsabilidades, os benefícios e os retornos se multiplicam e todos saem ganhando. Ao perceber que dava certo, estendi a política para os colaboradores com o plano de cargos e salários e participação nos lucros. Encare seus colaboradores como parceiros e divida o retorno do trabalho com todos.

#DICA8 – ENVOLVA AS PESSOAS NO SEU SONHO

Para dar o melhor, as pessoas precisam ter motivação e propósito, algo que as inspire. Se você acredita no seu negócio, saberá exatamente o que dizer para envolver os demais nas ações certas rumo a um mesmo objetivo. Fale de seu sonho, divida suas expectativas e faça com que todos se sintam motivados a investir tanta energia quanto você no negócio. Na minha história como empreendedor, encontrei outros loucos que acreditaram, participaram e me apoiaram. Busque isso e reconheça aqueles que se mostrarem envolvidos.

#DICA9 – APRENDA COM OS OUTROS

Esteja sempre aberto a conversar com outras pessoas sobre seu negócio e seus planos. É necessário arejar a cabeça, pensar fora da caixa, ouvir e aprender com o erro dos outros. Não seja orgulhoso ou autossuficiente, troque ideias com quem está a sua volta. Você conseguirá os subsídios para pensar melhor e encontrar alternativas para aperfeiçoar seu negócio.

#DICA10 – TENHA SÓCIOS ALINHADOS COM SEUS PRINCÍPIOS

Se você pretende abrir uma empresa em sociedade, seja cauteloso e sábio nessa escolha. É extremamente necessário que seus sócios compactuem dos mesmos princípios e dos mesmos valores que você. Caso contrário, vocês terão sérios problemas. A tendência é haver confronto e desconforto se não estiverem alinhados. Boas conversas e muita reflexão podem ajudar bastante na tomada de decisão. Imagine situações concretas em que o destino da empresa esteja em jogo. Seu sócio tomaria decisões alinhadas com as suas? Vocês chegariam amigavelmente a um consenso? Se a resposta para uma dessas perguntas for negativa, é bom repensar essa sociedade.

#DICA11 – BUSQUE NOS OUTROS AS QUALIDADES QUE VOCÊ NÃO DESENVOLVEU

É impossível para um empreendedor saber de tudo, dominar todas as áreas da empresa e saber lidar com todas as situações que aparecem pela frente. Por isso, é importante que você busque nas pessoas ao seu redor as qualidades e as habilidades que você não tem ou não teve tempo de desenvolver. Não adianta nada ter ao seu lado pessoas iguais a você. A diferença agrega ao negócio. Quando um supre a deficiência do outro, ou mesmo quando um complementa o outro, o crescimento é acelerado. Os sócios e os colaboradores precisam ser a balança uns dos outros.

#DICA12 – EXERÇA A MERITOCRACIA

Esteja atento para que os esforços de seus colaboradores não passem batido. Quando alguém se doa ao seu negócio espera, obviamente, ser reconhecido por isso. Observe e identifique essas pessoas, estimule-as sempre mais, e nunca se esqueça de lhes dar os devidos méritos, seja com reconhecimento público, premiação, bonificação, seja com uma merecida promoção.

#DICA13 – DERRUBE AS HIERARQUIAS

Empresas com direção verticalizada, tão comuns anos atrás, estão fadadas ao fracasso. As organizações modernas estão derrubando as hierarquias, com seus diretores muito próximos aos colaboradores. Fique junto de sua produção, converse com as pessoas que estão trabalhando pelo seu negócio, ouça-as, seja acessível e faça-as sentirem-se participantes nas decisões.

#DICA14 – CUMPRA SUAS PROMESSAS

Faça o que disser que vai fazer. Nas relações empresariais não tem essa de "faça o que eu digo, mas não faça o que eu faço". Seja transparente. Deixe o discurso uniforme e possibilite que as pessoas entendam isso. Um exemplo é que o CERS dificilmente sofre ações trabalhistas, porque os colaboradores sabem como os tratamos com honestidade. As pessoas enxergam na empresa um exemplo de verdade. Não representamos a empresa perfeita, assim como todas as outras temos brigas, carões, desentendimentos, mas tentamos lidar com isso abertamente e com muita sinceridade. O ambiente de trabalho tem de ser bom para todo mundo. Acho que esse seria um dos maiores segredos.

#DICA15 – SELECIONE BEM SEUS PARCEIROS

Quando sua empresa é grande, todo mundo quer negociar com você, tornando suas decisões quanto à escolha do parceiro mais confortáveis, afinal, você terá um leque de opções para analisar. No entanto, quando você é pequeno, é preciso ser estratégico. Não faça parceria com qualquer um, até porque não é todo mundo que vai querer ser seu parceiro. É extremamente difícil lidar com isso, mas persista e vá em busca dos parceiros ideais, que ofereçam exatamente o que você busca, com a qualidade que você procura. No início, muitas portas se fecharam na minha cara. Minha estratégia foi conversar abertamente com possíveis parceiros e fazê-los perceber os benefícios dessa relação com o CERS.

#DICA16 – TERCEIRIZE COM CAUTELA

Sou adepto do desenvolvimento de equipes que atendam às necessidades da empresa com o mesmo compromisso que o proprietário. Pensando assim, a terceirização não me seduz. Quero transformar o CERS em uma das melhores empresas para trabalhar. Para isso, não posso enxergar o colaborador como um custo, mas sim como um investimento. Quero os melhores no meu time, com o espírito de minha empresa, envolvidos pela nossa cultura. Só vejo benefícios para as empresas que pensam da mesma forma.

#DICA17 – SAIBA A HORA DE PROFISSIONALIZAR SUA EMPRESA

Profissionalizar uma empresa familiar é um desafio. Se esse for o seu caso, você já deve ter percebido que maridos e mulheres, irmãos, primos e tios podem até manter uma relação profissional satisfatória, mas o perigo mora na pressão e na cobrança. Nesse momento, você vai sentir uma enorme necessidade de ter ao seu lado pessoas com cargos estratégicos e o distanciamento certo, que não levarão os problemas da empresa para casa, caso contrário, você não cresce. Isso não deve representar uma angústia, muito pelo contrário, é um processo natural, principalmente em empresas jovens. Enxergue esse momento ideal e não o deixe passar. Você terá de abrir mão de alguns poderes para isso, pois vai passar a depender dos pareceres especializados desses profissionais. Contudo, esse é o caminho para um crescimento sustentável. Portanto, se a sua empresa começou a crescer, profissionalize-se imediatamente e passe a planejar mais.

#DICA18 – INOVE

A melhor forma de aumentar o faturamento, acessar novos mercados e aumentar a margem de lucro é inovando. Só é possível sair do lugar-comum se levar novas práticas para a empresa. Faça a diferença no campo de atuação de sua empresa, inove e surpreenda positivamente o seu cliente, a ponto de fidelizá-lo.

#DICA19 – NADA É TÃO BOM QUE NÃO POSSA FICAR AINDA MELHOR

Se a sua empresa está em um bom momento e tudo parece estar certo, lembre-se: nada é tão bom que não possa ser melhorado. Aprendi esta lição durante a seleção para ser reconhecido como um Empreendedor de Alto Impacto. Eu não tinha dúvidas sobre o sucesso de meu empreendimento, no entanto, percebi que ainda havia muita coisa a ser feita. O sucesso cega mesmo a gente, mas é preciso ter humildade para reconhecer seus pontos fracos.

#DICA20 – NA TEMPESTADE, MUDE A ROTA

Muitas vezes, na condução do negócio, você cria uma expectativa para o futuro da empresa, mas com o tempo chega à conclusão de que não tomou o melhor caminho. Quando isso acontecer, quando você sentir que está no meio da tempestade, mude a rota. É muito difícil acertar da primeira vez, por isso, fique sempre atento à mudança dos ventos. Muitos empreendedores decretam falência em dois a três negócios antes de realmente dar certo. Comigo não foi diferente. Por isso, permita-se errar, mas seja corajoso o suficiente para mudar completamente seus planos e traçar novos caminhos para o seu empreendimento.

#DICA21 – INVISTA NA CRISE

Não se lamente e não arrume desculpas para enfrentar uma crise. Pense nos melhores caminhos para solucionar problemas em meio às dificuldades e não coloque na crise a culpa pelos seus fracassos. Transforme a adversidade em sucesso investindo justamente na causa de seu sufoco. Em vez de fazer careta, faça uma limonada do seu limão.

#DICA22 – FAMÍLIA É A BASE DE TUDO

Ter as pessoas que você verdadeiramente ama ao seu lado, e que correspondem a esse sentimento, é essencial para se manter emocionalmente equilibrado e pronto para enfrentar as adversidades. Caso contrário, é provável que você tenha um sucesso apenas passageiro. O sucesso o coloca perto de muitas armadilhas e é exatamente a família que evita a queda.

#DICA23 – EQUILIBRE SUA VIDA PESSOAL E PROFISSIONAL

Reflita sobre a sua produtividade sempre que precisar extrapolar seu expediente. Será que trabalhar desregradamente é sinônimo de sucesso? A verdade é que, talvez, você não esteja sendo produtivo o suficiente dentro do tempo que deveria. Hoje eu prezo pelo meu tempo e indico a todos que busquem o equilíbrio para cuidar do trabalho, da saúde e da família. Fazer sucesso é cuidar de quem está ao seu redor.

Quem não tem isso não tem nada. Dinheiro não resolve a vida de ninguém, o essencial é poder viver com qualidade.

#DICA24 – SEJA CARIDOSO

Se você está ganhando dinheiro no Brasil atualmente, saiba que é parte privilegiada da população, representada por apenas 6,8% dos brasileiros, e com chance de ajudar pessoas com menor poder aquisitivo que sofrem cruelmente os efeitos da crise. Acredito que a mobilização seja uma obrigação social. Aqui no CERS fazemos parceria com diversas ONGs, que dão suporte a crianças, idosos e pessoas com necessidades especiais, lutando por maior inclusão e melhor qualidade de vida desses cidadãos. Use você também os seus instrumentos desinteressadamente para gerar o bem.

Este livro foi impresso pelas Edições Loyola
em papel norbrite plus 66,6 g.